Durch die Felder und die Wälder
Jagdgeschichten von Günther Stauffer

Durch die Felder und die Wälder

Jagdgeschichten
von
Günther Stauffer

VERLAG
DER RHEINHESSISCHEN DRUCKWERKSTÄTTE · ALZEY

Umschlagentwurf und Zeichnungen: Walter Molls, Sindelfingen
Fotos: Hans G. Christmann, Mainz und Verfasser

Die Deutsche Bibliothek — CIP-Einheitsaufnahme

Stauffer, Günther
Durch die Felder und die Wälder : Jagdgeschichten / von Günther Stauffer. — Alzey : Verl. der Rheinhessischen Druckwerkstätte, 1993.
ISBN 3-87854-097-3

Inhalt

Vorwort

Passionierte Jäger meinen, daß es mit der Jagd genau so sei, wie mit der Liebe, von der es in der Bibel heißt „sie höre nimmer auf!"

Daran ist etwas Wahres, zumal wenn ich es auf mich selbst beziehe: Die Faszination, die die Natur und damit auch die Jagd auf mich ausübt, ist seit Jugendzeiten bis heute ungebrochen. So habe ich als Bauer, Winzer, Natur- und Tierschützer, aber auch als Jäger viel Schönes draußen erlebt. – Ich kann auf ein reiches Jägerleben zurückblicken. – Viele meiner Jagderlebnisse habe ich aufgeschrieben und daraus entstand 1979 mein erstes Jägerbuch „Donnersberger Jagdgeschichten". Die Kritiken waren sehr gut, das Buch bald vergriffen und eine Neuauflage gefragt.

Diesen Wünschen komme ich nun in der Weise nach, daß die vorliegende Ausgabe unter dem Titel *„Durch die Felder und die Wälder"* sowohl Texte aus den „Donnersberger Jagdgeschichten" wie neue enthält. Sie greifen über meine Heimatregion hinaus. Es wird von Jagderlebnissen im Hunsrück, in der Lüneburger Heide, in Schottland, im österreichischen Mühlviertel und in Bulgarien erzählt.

Umschlag und Zeichnungen sind von W. Molls, Sindelfingen.

Etliche Verbände und Institutionen haben die Herausgabe großzügig gefördert und unterstützt. Ihnen mein besonderer Dank.

Für die gute Beratung bei der Ausgestaltung des Buches möchte ich Herrn Dr. Grau und Herrn Dusch, vom Verlag der Rheinhessischen Druckwerkstätte in Alzey, herzlich Dank sagen, desgleichen für wertvolle Anregungen Herrn Forstdirektor Plendl, Bamberg.

So wünsche ich dem Buch einen guten Start, eine weite Verbreitung und allen Lesern viel Freude und Unterhaltung bei der Lektüre.

Flomborn, im Oktober 1993 Günther Stauffer

Warum schreibe ich?

Ich glaube, da bin ich eine Antwort schuldig, denn ich bin kein Schriftsteller, kein Stückeschreiber und erst recht kein Fabulierer, der sich vorgenommen hat, mal was Nettes zu Papier zu bringen. – Ich bin ein ganz einfacher Landwirt, Bauer, dem die schwere Erde an den Schuhen klebt von der Arbeit draußen auf dem Feld und in dem Weinberg und dem die Hände immer klobiger werden von der harten Handarbeit, der aber diese Arbeit draußen in der freien Natur über alles liebt. Und nichts anderes möchte ich sein als Bauer. – Aber dazu kommt noch, daß ich in eine Familie mit leidenschaftlichem Jägerblut hineingeboren wurde. Und diesen Banden, die durch Mark und Bein gehen, kann man sich nicht entziehen. Das steckt in einem Menschen. Daher kann ich nichts dafür,

daß ich auch ein leidenschaftlicher Jäger geworden bin. So will ich als Bauer und Jäger das Frühjahr, den Sommer, den Herbst und den Winter erleben, die Sonne, den Regen, die Hitze und die Kälte, die herrliche Natur und all das Schöne, was Gott geschaffen hat, alles was wächst, kreucht und fleucht. Und alles, was ich erlebe, erlebe ich intensiv, wohl wissend, daß alles einmal vorbei sein wird.

Und wenn man so gern lebt und intensiv lebt, möchte man oftmals wissen, was haben deine Eltern, Großeltern und die anderen

Altvorderen gedacht, getan, was für Freuden und Ängste haben sie erlebt, wie ging es ihnen zu ihrer Zeit. Aber je weiter man die Familiengeschichte zurückverfolgt, um so dürftiger werden die Fakten und versiegen letztendlich. Obwohl man von diesen Menschen abstammt, weiß man fast nichts von ihnen. Also führte ich schon frühzeitig ein Betriebstagebuch, ebenso ein Jagdtagebuch und kann so alle Begebenheiten zurückverfolgen und erinnere mich auch beim Nachlesen an Ereignisse, die ich schon längst vergessen zu haben glaubte.

Ein außergewöhnliches Jagdjahr, wie könnte es anders sein veranlaßte mich eines Tages etwas umfassendere Notizen zu machen. Aber schon bald merkte ich, als Ungeübter und Laie, daß ich mit einer Darstellung überfordert war, die die ganze Familiengeschichte mit beinhalten sollte. Also schrieb ich erst mal einige kleine Begebenheiten auf, die es mir wert waren, festgehalten zu werden. Nur für meine Familie und mich, versteht sich. Die Begebenheiten sind wahr und haben sich so abgespielt, wie ich sie notiert habe. Und deshalb nenne ich Namen, Zeit und Ort, und es gibt viele Freunde, die das auch bezeugen können.

Des öfteren habe ich dann im Freundeskreis mal diese und jene Geschichte zum Besten gegeben und gesagt, daß ich sie festgehalten habe. Da animierte man mich, sie zu veröffentlichen. Die unangenehmen Dinge, die ich ja schließlich auch erlebt habe, müssen aber ausgelassen werden, da sie leicht als eine Art Abrechnung mißverstanden werden könnten und die Leichtigkeit und Fröhlichkeit der Schilderungen beeinträchtigt hätten. Das darf nicht sein und das will ich auch nicht, denn schon oft habe ich sogenannte „Abrechnungsbücher“

gelesen und finde sie einfach penetrant. Aber auch diese Begebenheiten sind so einmalig nicht, denn ein jeder Jäger hat seine persönlichen Jagderlebnisse und sie genau so empfunden wie ich. So sollte man sich bei diesen Schilderungen seiner eigenen schönen Erlebnisse erinnern können und Freude und Erholung empfinden. — Es soll aber auch von einer Landschaft, nämlich der rheinhessisch-pfälzischen Landschaft, die Rede sein. Hier wird nicht nur der Wein, das Wasser, der Weizen und der Wald gehegt, sondern auch das Wild. Sicher gibt es keine Elefanten, Tiger und Bären, aber viele kleine Häschen, Fasanen, Rehe und Wildschweine und, wie später noch gesagt, ab und zu mal 'nen „Wolf". Aber das ist ja schließlich auch etwas, über das man berichten und sich freuen kann.

Ich liebe diese Landschaft und die Menschen sehr und widme diese Geschichten all denen, die das auch tun.

Im Land verwurzelt – den Menschen verbunden

Rheinhessen und die Nordpfalz sind meine Heimat. All denen, die diese Landschaft nicht kennen, möchte ich sie in kurzen Zügen vorstellen: „Rheinhessen-Weinhessen“ und „Der heilige Berg“, der Donnersberg.

Was ist Rheinhessen, wo liegt Rheinhessen und was leben dort für Menschen? – Das ist für uns Einheimische keine Frage, wohl aber für viele „Auswärtige“ und Fremde, denn so einen Bekanntheitsgrad, wie z. B. Bayern, hat Rheinhessen nicht. Vielfach ordnet man unsere Provinz dem Bundesland Hessen zu – oder gar der Pfalz. Einmal meinte jemand, ob wir wohl schon halbe Franzosen wären. – Die Erkenntnis, wo Rheinhessen liegt, kommt meist in Verbindung mit der Nennung der Stadt Mainz: „Aha, dort, wo die Fernsehfassenacht und das ZDF zu Hause sind!“ ... und diesen Namen kennt auch heute fast jedes Kind, wenn es fernsieht.

Rheinhessen, das Land zwischen Rheinknie und Nahe, das Land am Strom, das Land der sanften Hügel und milden Weine, das Land im Herzen Europas ist ältestes Kulturland und hat eine bewegte Geschichte hinter sich, die auch Carl Zuckmaier in seinem Drama „Des Teufels General“ darstellt.

Seit der Karolingerzeit bestehen viele Ortschaften und werden urkundlich erwähnt. Seit frühester Besiedlung, wie es die Ausgrabungen an den Tag fördern, ernährt sich eine starke Bevölkerung auf fruchtbaren tiefgründigen Lößlehmböden. Die Römer brachten den Weinbau, und an den sonnigen Hügeln gedeihen die Reben prächtig.

Unsere Gegend war bis in die jüngste Vergangenheit Tummelplatz kriegerischer Auseinandersetzungen. In das menschenleer gewordene Land strömten französische Hugenotten, schweizerische Mennoniten, salzburger und holländische Protestanten.

Wiederholt besetzt und zerstört von den Franzosen, hatte das Land links des Rheines, als Grenzland zwischen deutschem Kernland und Frankreich in den vergangenen Jahrhunderten viel zu leiden.

Bei der Schaffung des Landes Rheinland-Pfalz 1946 durch die Alliierten wurde Rheinhessen ein Teil dieses Bundeslandes.

Rheinhessen ist niederschlagsarm, die wenigen wasserarmen Bäche fließen meist dem Rhein zu. Es ist ein Hügelland ohne nennenswerte Berge. Breite Täler und sanft anschwellende Höhen wechseln ständig.

So liegt mein Heimatdorf Flomborn in einer muldenförmigen Anhöhe, am oberen Westrand eines breiten Tales, das sich nach Osten, zum Rhein hin öffnet. Von der Höhe des Feuerberges, eines Hügels oberhalb des Dorfes (der seinen Namen von Feuerbestattungen aus keltischer Zeit hat), hat man einen herrlichen Ausblick in das Rheintal mit den Bergen des Odenwaldes und nördlichen Schwarzwaldes im Hintergrund. Mannheim, Ludwigshafen und Heidelberg sind gut zu erkennen. Im Süden erheben sich die blauen Berge des Hardtgebirges und des Pfälzer Waldes. Im Westen liegt mein Hausberg, der Donnersberg und im Norden der Hunsrück, der Soonwald, – der Wald des Schinderhannes –, und weiter rechts die Taunusberge. Vor dieser Kulisse breitet sich das Rhein-Main-Neckargebiet aus und man kann ohne Mühe die startenden und landenden Flugzeuge auf dem Flughafen Rhein-Main erkennen.

Rheinhessen, – eine Landschaft vor einem großen Ballungsgebiet. Das Klima ist warm und mild, – mediterran –, es begünstigt uns Bauern beim Wein-, Obst-, Gemüse- und Ackerbau. Die Marktnähe wirkt sich vorteilhaft aus. Industrie, Handel und Gewerbe stehen dicht gedrängt und in hoher Blüte. Die Verkehrserschließung ist optimal. Die Bevölkerung wächst ständig.

„Rheinhessen hat zwar im Laufe der Zeit manches Fremdartige in seinen Sitten und Gebräuchen angenommen, jedoch seinen deutschen Charakter nicht verloren"; Zitat von Brillmayer, in seinem Buch über Rheinhessen von 1905.

Die Menschen sind den Hessen und Franken artverwandter als den Vorder- und Westpfälzern. Der Wein läßt sie oft als fröhlichen,

lustigen Menschenschlag erscheinen und die vielen Wein- und Volksfeste mögen dies vielleicht bestätigen, dennoch sind die Rheinhessen ernster und schwerblütiger als die lebhafteren, quirligeren Nachbarn im Süden. Die Rheinhessen sind arbeitsam, tüchtig, strebsam und belastbar.

Landschaft und Klima Rheinhessens bilden ein ideales Niederwildbiotop, in dem sich Hasen, Fasanen, Kaninchen und Feldrehe wohlfühlen. In den wenigen westlichen Waldrevieren und in den Schilfgürteln der Altrheinarme ist Schwarzwild zu Hause. – Leider sind in den letzten fünfzehn Jahren die Hasen- und Fasanenbesätze sehr zurückgegangen, so daß vielerorts keine der früher so beliebten Gesellschaftsjagden mehr abgehalten werden. Ob die neuerdings stillgelegten landwirtschaftlichen Flächen zu einer Erholung der Bestände beitragen werden, bleibt abzuwarten. Für die Erholung der heimischen Fauna sorgen die Jäger, indem sie Feldholzinseln, Deckung, Äsungsflächen, ja sogar Waldflächen anlegen. So bieten unsere Reviere auch noch heute herrlichen Anblick und vielen Jägern Waidmannsheil.

Ich hoffe, daß wieder ein Aufwärtstrend einsetzen möge, damit viele Jäger so viele Jagderlebnisse haben können, wie ich sie erlebt und in diesem Buch beschreibe.

Die höchste Erhebung des Pfälzer Berglandes ist ein weithin sichtbarer, unweit von Kirchheimbolanden in der Nordpfalz gelegener majestätischer Bergrücken, namens Donnersberg. Obwohl er nur 687 m hoch ist, ragt er doch weit über das wellige, waldige

Bergland hinaus und bietet besonders von Osten her einen imposanten Anblick. Man sieht ihn aus Richtung Mainz und Mannheim, von den Bergen des Rhein-Taunus und des Odenwaldes. Er besteht aus vulkanischem Gestein, dem Porphyr, ist elf km lang und vier km breit. An seinem sich kegelförmig zusammenziehenden, von fünf großen Regenschluchten zerrissenen Hängen ziehen sich Wälder hinauf. Die höchste Erhebung des Donnersberges ist der Königsstuhl, wo keltische, germanische und fränkische Stammesfürsten einst Recht gesprochen haben. Hinter dem Königsstuhl liegt eine etwa dreißig ha große Plattform. Hier findet man die Reste einer ehemaligen Ringmauer, einer Fliehburg, aus christlicher und vorchristlicher Zeit.

Seinen Namen erhielt dieses Gebirge aus der germanischen Mythologie: dem Thor, dem Donar. Dem Donnergott war er geweiht. Er ist also ein heiliger Berg unserer Vorfahren. Man braucht nicht viel Fantasie, um sich das Geschehen früherer Jahrhunderte um diesen Berg vorzustellen. Die Geschichte der Herren von Bolanden und von Falkenstein ist mit diesem Land verbunden. Nach dem Donnersberg war zur Zeit der Herrschaft Napoleons das Departement genannt, das die Pfalz und Rheinhessen umfaßte.

Wildreich war der Donnersberg immer, früher wie auch heute. Nicht umsonst führt die Stadt Kirchheimbolanden ein Wildschwein – nein, einen Keiler – in ihrem Wappen, und in den Dörfern ringsum gibt es zahlreiche Hinweise darauf, wie z.B. in Morschheim, wo eine Straße „Brakenhof" heißt.

Mir war der Donnersberg stets das Wahrzeichen der Heimat, aber auch ein guter Beschützer. Brauen sich von Westen her Unwetter zusammen, so hält er die Landstriche in seinem Windschatten frei von schwerem Wetter und Hagelschlag. Er gibt uns auch eine sichere Wettervorhersage: Sehen wir ihn im Dunst liegen, werden wir schönes Wetter haben, präsentiert er sich jedoch klar und deutlich, so daß man von Flomborn, aus zwanzig km Entfernung, Einzelheiten am Berg erkennen kann, dann schlägt das Wetter meist um. Schieben sich Wolken über das Massiv und können wir erkennen, daß es in Dannenfels, dem Dorf an seinem östlichen Fuße, regnet, dann wird es für uns auf dem Felde arbeitende Bauern höchste Zeit, nach Hause zu fahren; denn dann dauert es keine halbe Stunde, und es regnet auch bei uns. Kommen aber tiefe Regenwolken aus östlicher Richtung gegen den Berg, so werden sie von ihm aufgehalten und wir bekommen in unserem niederschlagsarmen Landstrich, bei kaum 400 mm Niederschlag im jährlichen Durchschnitt, ergiebigen Regen. So schauen wir an jedem Morgen, wenn wir aufs Feld fahren und an jedem Abend, wenn die Arbeit getan ist, zu diesem magischen Berg. — Mein Herz hüpft vor Freude, wenn er größer und größer wird, näher und näher kommt; denn dann fahre ich in seine unmittelbare Nähe, dann fahre ich zur Jagd und, ich darf jagen in den Wäldern des Donnersberges.

Aber noch aus einem anderen Grund ist er mir ein geliebter Berg: er ist der Berg meiner Jugendzeit. Mit zehn Jahren kam ich auf die Internatsschule meiner mennonitischen Vorfahren, auf den Weierhof. Da lag der Berg unmittelbar vor uns — jeden Tag, in kaum sechs km Entfernung, eingerahmt von welligen Waldkuppen und sanften Wiesentälern. Kein unharmonisches Bauwerk der Neuzeit störte damals seinen Anblick, und sehr oft fiel der Blick während des Unterrichts oder während der Hausaufgabenstunden durch das Fenster nach Westen auf diesen herrlichen Berg. Sonntags spazierten wir Schüler gemeinsam unzählige Male über Bolanden oder Bennhausen nach Dannenfels, nach Jakobsweiler, nach Steinbach, ins Wildensteiner Tal, über die Mordkammer nach Falkenstein oder aber auf den Gipfel, den Königsstuhl, mit Kaffeepause bei Mühlbach in Dannenfels oder bei Siebecker in Steinbach oder bei Kerz in Jakobsweiler. Dieser Berg ist für mich — und nicht nur für mich — ein heiliger Berg, das Sinnbild meiner geliebten Heimat.

Der Schuß durch die Hutkrempe und seine Folgen

Weil die Tauben auf dem Hühnerhof und auf dem Mist reichlich Nahrung fanden, waren unsere Taubenschläge über den Scheuneneinfahrten immer voll belegt. Jedes Jahr stellte sich reichlich Nachwuchs ein. Deshalb veranstalteten mein Vater und der Großvater alljährlich ein Taubenschießen mit dem Flobert. Auf dem Küchenzettel stand dann „gebratene Taubenbrust" oder „Taubenklein mit Reis", was ganz vorzüglich schmeckte.

Es war um die Mittagszeit. Mein Vater und Großvater standen im Hof und schauten den Tauben nach, die gerade, von zwei erfolgreichen Schüssen aufgescheucht, über dem Hof ihre Kreise zogen. Sie warteten ab, bis sich die Tauben wieder auf den Dächern niederließen, um dann erneut zum Schuß zu kommen.

Meine Freunde und ich – wir waren etwa fünf Jahre alt – saßen hinter den Jägern und schauten zu. Einige ältere Jungs, die schon zur Schule gingen, frozzelten mich, daß ich doch ein Jägerssohn sei und sicher auch Tauben erlegen könne!!! „Natürlich kann ich das!", antwortete ich – und nach einigen „Du traust dich ja doch nicht!" schlich ich mich leise hinter meinen Vater. Der hatte seinen Flobert über die Schulter gehängt, so daß dessen Mündung nach oben zeigte. Ich zog am Abzug, der Schuß löste sich und ging haarscharf an der Schläfe vorbei durch Vaters Hutkrempe. Zu Tode erschrocken faßte er mich am Arm, legte mich übers Knie und verprügelte mich.

Opa machte meinem Vater Vorwürfe, weil er seinen Flobert nicht gesichert hatte, aber Vater rechtfertigte sich, daß er mir habe eine Lektion erteilen müssen, um mir ein für allemal Respekt vor einer geladenen Waffe einzubläuen. Im Hintergrund lachten die Anstifter hämisch. Dies die Erinnerung an meinen ersten scharfen Schuß. So etwas vergißt man nicht!

Hochsitzbau – einmal anders!

Vater nahm mich sehr früh schon mit, um auf einem Hochsitz ansitzend, ihm mit Glas, Bleistift und Papier Rehwild im Rothenkircher Forst bestätigen zu helfen. Man kann sich denken, was für eine aufregende Sache das für ein kleines Bürschchen war. Das mußte ich natürlich meinen Flomborner Jugendfreunden, dem Otto, dem Karl und dem Heini, erzählen! Aber so ganz tatenlos wollten die ja auch nicht zuhören und hatten eine großartige Idee: „Los", sagten sie, „laß uns doch auch einmal Hochsitze bauen!" „Oh ja, aber wo denn?" „Ei, in eurem Garten!" „Ooh ja!!!" ... und los ging's.

In der Werkstatt holten wir Säge, Hammer, Nägel und Dachlatten. In der Scheune hingen an Haken gut ein Dutzend lange Obstleitern, die wir erst einmal auf die richtige Länge zurechtsägten. Niemand störte uns; denn alles, was laufen konnte, war draußen auf dem Feld. Unser Garten ist etwa 2$^1/_2$ Morgen groß und als Park und Ziergarten angelegt. Mit Eifer bauten wir am Weiher eine großartige Kanzel, am Rosenbeet – gut gedeckt – entstand eine Ansitzleiter, an der Rotbuche ein Hochsitz und auch an der Fichte und am Hollerbusch – an allen Ecken standen Hochsitze, mit Dachlatten verstrebt und mit Sitzbrettern, die wir von den Leiterwagen und Pflugskarren genommen hatten, versehen. Wir schwitzten und waren gerade dabei, eine besonders lange Birnbaumleiter zu hälften, als Otto, der Schmiere stand, leise pfiff: Großvater war im Anmarsch. Wir ließen alles stehen und liegen und flitzten die Scheunenleitern hinauf auf den Heuboden. Dort blieben wir mucksmäuschenstill sitzen. Wir hörten Opa über den Hof kommen und wie er das Scheunentor öffnete, dann war eine ganze Weile Ruhe. Dann schlug das Tor zu. Großvater eilte ins Haus und rief den Frauen zornig zu: „Wo sind denn die Buben?“ Dann rumorte es im Haus wie in einem Bienenstock.

Nichts Gutes ahnend, verzogen sich meine Freunde, einer nach dem anderen, und ich lag allein auf dem Heuboden bis es dunkel geworden war. Erst dann schlich ich mich leise ins Haus. Aber jeder hatte mich schon erwartet: was soll ich noch sagen … für den Hochsitzbau habe ich wieder einmal fürchterliche Prügel bezogen!

Auf Scheiben mit allen Kalibern!

Nach meinem ersten scharfen Schuß brachte mir Vater langsam den Umgang mit der Waffe bei. Das Erlebnis mit dem Schuß durch die Hutkrempe war allen Beteiligten in so schlimmer Erinnerung, daß Vater und Opa meinten, man müsse das Häkchen beizeiten zurechtbiegen. So zeigte man mir, wie man ein Gewehr richtig schultert, wie die Sicherungen funktionieren, wann geladen werden darf, wann man schießen darf und wie man ein Gewehr aufbewahrt – kurzum alles das, was man vom richtigen Führen einer Waffe wissen muß.

Schon bei den ersten Anschlagübungen zeigte es sich, daß ich beim Rechtsanschlag immer das rechte, also das falsche Auge zukniff und partout nicht das linke. Weil ich beim Essen den Löffel links hielt und meine ersten Schreibversuche mit der linken Hand ausführte, mußten meine Eltern erkennen, daß ihr Filius wohl Linkshänder sein müsse, und Papa versuchte es also nun mit dem Linksanschlag. Jetzt klappte es tatsächlich! Nach einiger Zeit durfte ich dann mit dem Flobert auf die Scheibe schießen. Ich lag auf dem Bauch, hatte das Gewehr aufgelegt und traf das schwarze Zentrum der Scheibe auf dreißig Meter Entfernung. Bald übte ich mit dem Kleinkaliber, dann mit der Hornet oder der 7 x 65 und später auch mit der 9,3 x 62. Die Entfernungen wurden immer weiter, das Mucken hörte auf, auch das Durchreißen und das Augenzwinkern. Anfangs hatte ich Angst, mit zum Schießen zu gehen, denn die mächtige 9,3 x 62 rumste ganz gehörig, und vom Rückschlag bekam ich blaue Flecken an der Schulter. Das änderte sich aber bald. Beinahe jeden Tag drängte und bettelte ich meinen alten Herrn, mit mir zum Schießen zu gehen – und ging ihm damit ziemlich auf die Nerven. Jedesmal brach ich in ein Freudengeheul aus, wenn er sich Zeit für mich nahm. Vorsichtig übte er nun auch den

Rechtsanschlag mit mir, den ich nach einiger Zeit genauso perfekt ausführte wie den Linksanschlag, so daß ich heute in der Praxis fast ebensogut rechts wie links schießen kann.

Bis heute halte ich es so, daß ich bei jeder Gelegenheit Anschlagübungen mit der Flinte mache und selbstverständlich vor Aufgang der Jagd im Rechts- und Linksanschlag die Waffen einschieße.

Reichsjagdausstellung 1937

In den ersten Wochen des Jahres 1937 herrschte bei uns zu Hause eine gewisse Hektik; denn Vater sollte mit einigen anderen Herren auf der Reichsjagdausstellung in Berlin Rheinhessen in einer Schützenmannschaft vertreten. Außerdem mußte er einige Trophäen auswählen, die dort ausgestellt werden sollten. Meine Mutter und ich kleiner Knirps bekamen von diesen Dingen eine Menge mit. Dann fuhr Vater nach Berlin und kam nach einer Woche sehr bedrückt wieder zurück: es war alles schief gegangen — man hatte den Schießtermin versäumt, mußte außer Konkurrenz schießen und hatte außerdem noch gründlich daneben gehauen.

Die Jagd-Zeitschrift berichtete ausführlich über das Berliner Ereignis, und ich verschlang alles, was es darüber zu lesen gab. Da kam mir der Gedanke, ebenfalls eine Jagdausstellung auszurichten. Nur Mutter weihte ich in meinen Plan ein: denn für Vater und Großvater sollte es eine Überraschung werden und ein Trost für das schlechte Abschneiden in Berlin. Als geeigneter Platz für eine solche Ausstellung erschien mir unser Wintergarten, ein mit Glas überdachter Raum, wo im Winter die Freilandblumen standen. Jetzt im Frühjahr war der Raum leer. Hierher brachte ich nun viele von Vaters und Großvaters Trophäen, hängte Jagdbilder dazwischen und darunter stellte ich die Waffen und das dazugehörige Gerät aus, wie Rucksack, Ferngläser, Sitzstöcke usw. Auch die Rehgebiß-Sammlung meines Vaters und seine Ehrenpreise als erfolgreicher Schütze und die, die er mit seinen Hunden errungen hatte, wurden dekorativ plaziert, und der ganze Raum wurde mit Tannenreisig geschmückt. Ich wollte noch viel mehr unterbringen, aber leider war der Wintergarten nicht so groß wie das Jagdzimmer, so daß ich auf manches „Ausstellungsstück" verzichten mußte.

Vater wurde allmählich mißtrauisch wegen der Aktivität seines neunjährigen Sprößlings, zumal ihm der Zutritt sowohl zum Wintergarten und auch zum Jagdzimmer verwehrt war.

Im Vorzimmer stellte ich nun Stühle und ein Rednerpult auf, und gegen Mittag, kurz vor dem Essen, sollte die Ausstellung eröffnet werden. Ich zog Vaters Jagdmeister-Uniform an und setzte seinen Jägerhut auf, den Ausgehhut mit dem sorgsam gepflegten Gamsbart aus Tirol. Opa, Oma, Mutter und das gesamte Personal wurden herbeigerufen, nur Vater fehlte noch. Mutter drängte: Das Essen sei schon fertig! Aber ich bat, doch Platz zu nehmen und öffnete die Tür zum Wintergarten. Da staunten alle, als sie einen Blick in den Ausstellungsraum warfen, besonders Opa betrachtete sehr interessiert die Stücke, die ich von seiner Wand genommen hatte — aber er blieb still!

Nun trat ich ans Pult und begann meine Rede, die ich vorher einstudiert hatte, mit der Begrüßung der vielen Jäger, die heute nach Flomborn gekommen seien. Ich machte auf die Einmaligkeit der Schau aufmerksam; denn neben den vielen Rehbockkronen wären auch Gamskrucken aus dem Etschtal zu sehen, Damhirschgeweihe aus dem Mönchsbruch bei Rüsselsheim und Hirschgeweihe aus dem Soon und nicht zuletzt die vielen Schwarzwildwaffen. Die Attraktion der Ausstellung sei einmalig: ein uralter Hase, der schon kleine Spieße geschoben hätte — ein sogenannter Hornrammler!

Während ich so sprach, öffnete sich die Tür und Vater kam herein. Ich sah, wie er aschfahl wurde und seinen Mund nicht mehr zu bekam. Mutter deutete ihm, daß er still sein und sich hinsetzen solle. Ich war aber zu Ende mit meiner Rede.

Alle applaudierten und Opa bat mich, das ganze noch einmal zu sagen. Also fing ich noch einmal von vorne an. Als ich geendet hatte, war Papas Miene ein wenig freundlicher. Er hatte sich während des Vortrages seine Trophäen ganz genau betrachtet und war beruhigt, daß alles noch heil war.

Jetzt bat ich meine Gäste zu einem Rundgang durch die Ausstellung und versuchte, die einzelnen Stücke zu erklären. Das dauerte eine ganze Weile; denn auch die Männer und Frauen aus unserem Betrieb waren recht interessiert – wie ich mich noch jetzt erinnere. Dann mußten wir wieder Platz nehmen und Opa trat ans Pult. Er dankte für die gelungene Überraschung und für die große Freude, die ich allen bereitet hätte. Am Schluß bat er darum, daß Vater und er mir dabei helfen dürften, alles wieder an seinen Platz zu räumen, damit keine der wertvollen Trophäen Schaden nehme!

Später erfuhr ich von Mutter, daß ich nur mit knapper Not Vaters Zorn entgangen sei. Er habe sich sehr darüber aufgeregt, daß ich seine besten Jagdtrophäen von der Wand genommen hätte, aber meine gute Absicht und nur die Tatsache, daß ja wirklich nichts entzwei gegangen sei, hätten mich noch einmal vor Strafe bewahrt. Ich muß ja auch gestehen, daß mir nicht ganz wohl in meiner Haut war, als ich „meine" Jagdausstellung arrangierte – denn im Geheimen hatte ich Vaters mögliche Reaktion vorausgesehen!

Jagd auf Spatzen, Kornwurm und Tauben

Meine Ausbildung an der Waffe dauerte etwa ein Jahr. Vater war unermüdlich, und ich gab mir Mühe, ein gelehriger Schüler zu sein. Aber auch mein um zwei Jahre jüngerer Bruder Erich ließ sich durch nichts davon abhalten, an diesem „Unterricht" teilzunehmen.

Wir zwei Quälgeister ließen Vater keine Ruhe und bettelten fortwährend, auch einmal auf „Wild" schießen zu dürfen.

Endlich – an einem schönen Sommertag – gab er unserem Drängen nach. Erich und ich saßen nebeneinander am offenen Fenster, das Flobert war auf die Fensterbank aufgelegt, Vater stand hinter uns. Die Leute waren bei der Feldarbeit und der Hof war menschenleer. Neben den Hühnern auf dem Mist flogen viele Spatzen herum. Die sollten unsere erste Jagdbeute werden. Wir suchten uns einen Schußwinkel, der im Hintergrund gute Deckung bot, so daß kein Huhn getroffen werden konnte. Auf Vaters „Feuer frei" knallte es auch schon, und mein erster Sperling lag getroffen am Boden. Im selben Augenblick schoß auch Erich seinen ersten Spatz. Aber bald wurden die Spatzen vorsichtig und hielten sich nur noch in sicherer Entfernung oben auf den Dachgiebeln auf. Dort hinauf ging schon manchmal ein Schuß daneben.

Wenn die Taubensaison kam, durften wir Jungs die Tauben für die Küche schießen. Das machte uns viel Spaß. Wir lagen im edlen Wettstreit miteinander, wer wohl die meisten Tauben schoß. Damit es keinen Streit gab, schloß Vater stets den Wettbewerb, wenn jeder von uns die gleiche Anzahl erlegt hatte.

Vater liebte die blauen Haustauben und selektierte die andersfarbigen aus. Wieder einmal standen wir gleich, als die Tauben erneut einfielen und wieder etliche „nichtblaue“ dabei waren. Auf unser Drängen hin erlaubte uns Vater noch einen Schuß und „batsch“ fielen bei mir eine und bei Erich gleich zwei, allerdings zwei blaue. Stolz präsentierte er sich als Siegerschütze, aber Vater bemängelte, daß er die falschen Tauben geschossen habe und zwei auf einen Schuß sei nicht waidgerecht!

Jedes Jahr um Pfingsten herum waren die Hamster plötzlich da. Auf den Feldern gab es sie massenhaft. Um die Plage nicht überhand nehmen zu lassen, wurde dazu aufgerufen, den Hamster – im Volksmund „Kornwurm“ genannt – zu fangen. Alt und Jung zogen morgens und abends auf die Felder, um Hamsterfallen zu stellen, denn für jeden gefangenen Hamster gab es zehn Pfennige oder gar noch mehr, wenn es sich um ein besonders großes Exemplar handelte. Vater war damals gerade zu einer militärischen Übung eingezogen, und so gingen Erich und ich morgens in aller Frühe an den Waffenschrank, holten das Flobert und zogen hinaus, um Hamster zu schießen. Es war eine aufregende Sache, im fußhohen Getreide oder auf den Luzernefeldern nach diesen Tieren zu pirschen. Leise schlichen wir uns an, und wenn der Kornwurm Männchen machte, schossen wir. Ich kann heute nicht mehr sagen, wie viele Hamster wir auf

diese Weise erlegt haben. Niemand hat uns erwischt. Nur der Feldschütz, der die Hamster in Empfang nahm, sah natürlich, daß die Tiere nicht gefangen, sondern geschossen worden waren. Erich kam auf die Idee, sein Schweigen mit ein paar Flaschen Wein zu erkaufen. Das war ein guter Gedanke – er hat tatsächlich den Mund gehalten!

„Berthold Schwarz“

Wie jeder weiß, war Berthold Schwarz ein Franziskanermönch aus Freiburg, der neben seinem Klosternamen „Berthold“ den Beinamen „Schwarz“ nur deshalb führte, weil er eifrig damit beschäftigt war, mit chemischen Stoffen zu experimentieren. Solche Tätigkeit scheint abzufärben. Angeblich erfuhr er 1259 die explosive Wirkung einer Mischung aus Salpeter, Schwefel und Holzkohle, was zur Erfindung des Schießpulvers geführt haben soll. Er gilt aber auch als der Erfinder der Geschütze. – Kurzum, Berthold Schwarz ist für uns Jäger ein wichtiger Mann, ohne ihn gingen wir heute noch mit Pfeil und Bogen auf die Jagd oder säßen wie Herr Heinrich, der ja später deutscher König wurde, am „Fasanenherd“!

„Berthold Schwarz“ wurde aber auch mein um zwei Jahre jüngerer Bruder Erich genannt, der zwar als Junge nicht das Schießpulver erfunden hat, dafür aber sehr oft mit Pulver experimentierte und sich dabei dreimal ernstlich verletzte ... ja, sogar jedesmal lebensgefährlich. Alle Prügel, Strafen und Ermahnungen halfen nichts. Ich halte diese Erlebnisse fest, weil sie zeigen, was Kinder alles anrichten können.

Als die Trauben zu reifen begannen, schickte unser Opa Erich und mich in unseren Weinberg „Am Bergelchen“ an der Eppelsheimer Chaussee, um die Trauben vor den Staren zu schützen. Wir sollten mit Stöcken auf alte Blecheimer hauen und mit Blechdekkeln Krach machen, um die Vögel zu vertreiben. Nun wußten wir, daß in anderen Weinbergslagen Weinbergschützen, mit Schwarzpulverpistolen ausgerüstet, eingesetzt waren, die eben doch mehr Wirkung auf die Stare zeigten als unsere „Blechmusik“.

Das ließ Erich natürlich keine Ruhe. Er besorgte sich auch eine solche Pistole, kaufte in Eppelsheim ein Röhrchen Schwarzpulver und wollte nun auch schießen. Ich warnte ihn ängstlich; denn wir hatten keine Ahnung, wieviel Pulver in das Pistolenrohr eingefüllt werden mußte. Mußte das daumendicke Rohr voll bis obenhin gefüllt sein oder vielleicht nur halbvoll, ehe Zeitungspapier das Rohr verstopfte? Erich wischte meine Bedenken beiseite und wollte mir demonstrieren, wie ungefährlich doch Schwarzpulver eigentlich sei. Er öffnete das Pulverröhrchen, ging zum Öfchen in der Weinberghütte, um etwas Pulver ins Feuer zu schütten. In diesem Augenblick sprang die Flamme über, das gesamte Schwarzpulver entzündete sich, eine feurige heiße Lohe mit viel schwarzem Rauch erfüllte den kleinen Raum, und das Pulverröhrchen aus Blech in Erichs Hand glühte weiß auf und verbrannte ihm die Innenfläche seiner rechten Hand. Erich schrie vor wahnsinnigen Schmerzen auf wie ein verwundetes Tier und rannte davon in Richtung Flomborn, so schnell, daß ich ihn nicht einholen konnte. Im Affekt und aus Angst um sein Leben hat er das Richtige getan: Er lief nicht nach Hause, sondern sofort zu unserem Arzt, zu Dr. Franz Triep, der ihn sogleich versorgte. Die Handinnenfläche war vollkommen zerstört – man sieht das heute noch – und es dauerte Monate, bis sie wieder verheilt war. Die Haare auf dem Kopf und die Augenbrauen waren versengt, das Gesicht war rot verbrannt. Die Kleider auf der Brust waren verkohlt ... aber das hat ihm wahrscheinlich das Leben gerettet. Der ganze Kerl war schwarz wie ein Rabe, wie Berthold, sein schwarzer Vorgänger. Nach ihm wurde er auch nachher genannt – aber immer mit gemischten Gefühlen.

Leider hatte er aus diesem Vorfall nichts gelernt und experimentierte fleißig weiter: Es war im nächsten Jahr an einem Nachmittag in unserem Garten. Erich stand hinter einem dicken Fichtenstamm und starrte vor sich auf ein kleines Feuer in etwa vier Meter Entfernung. Als er mich bemerkte, zerrte er mich schnell hinter den Baumstamm und erklärte mir, was er treibe: Er wollte die explosive Wirkung von Büchsenpatronen ausprobieren. Aus Vaters Waffenschrank hatte er sich zwei Patronen verschiedenen Kalibers geholt, die Kugeln mit zwei Zangen (!!!) von den Hülsen entfernt, die verschieden großen, noch mit hochbrisantem Pulver gefüllten Messinghülsen aufeinandergesteckt und diese dann in das kleine Feuer, das vor uns brannte, hineingeworfen. Jetzt wartete er auf die Explosion. Doch es geschah nichts, deshalb meinte er, daß er einmal nachsehen müsse. Mit allen Mitteln, die mir zur Verfügung standen, wollte ich ihn von seinem Vorhaben abbringen, wohl wissend, wie gefährlich das Spiel war, das er trieb. Ich riet ihm, das Feuer ausgehen zu lassen und am nächsten Morgen nachzusehen, was geworden sei. Da riß er sich von mir los, rannte auf das Feuer zu, sprang darüber, um nach dem Sprengkörper zu sehen und ging auf der anderen Seite hinter einem Fichtenstamm in Deckung. Ich schrie ihm nach: „Bist du verrückt geworden? Warte, jetzt hole ich die Eltern!" So viel Angst hatte ich um ihn. Aber er lachte mich aus und rannte wieder zu mir zurück. In dem Augenblick, als er über das Feuer sprang, explodierte unter ihm das Geschoß, und die Funken stoben. Erich schrie auf und faßte sich mit beiden Händen an den Hosenboden. Ich bekam ihn zu fassen und untersuchte vorsichtig seinen verlängerten Rücken: Ein verbogener Messingsplitter war ihm durch die Hose und Unterhose tief ins Gesäß gedrungen. Als ich den Splitter entfernte, schrie er vor Schmerzen. Die Wunde blutete so sehr, daß die Hand, die Erich draufpreßte, sofort fürchterlich blutverschmiert war. Ich schlich ins Haus und holte Jod und Verbandszeug. Wieder heulte der Bruder auf, als ich seinen Allerwertesten mit Jod bestrich und mit Heftpflaster verklebte.

Wir beschlossen, den Eltern nichts zu sagen. Die blutige Unterhose haben wir verbrannt. Die Hose hat eine alte Nachbarin geflickt. So haben unsere Eltern nie mitbekommen, was Erich da im Garten angestellt hatte. Die Folgen wären nicht auszudenken gewesen, wenn die Splitter edlere Körperteile getroffen hätten!

Wenn ich später während der Jägerprüfung meine Kandidaten fragte, wie Waffen und Munition aufbewahrt werden müssen, hatte ich stets die oben geschilderten bitteren Erfahrungen in Erinnerung.

Pfarrers Katze

Mein Bruder Erich verhielt sich als junger Mann immer ein wenig anders wie andere Menschen. Unsere Mitarbeiter auf dem Hofe nannten ihn „Berthold Schwarz". – Unter dem alten Kreisjagdmeister August Krebs hatte er die Jägerprüfung bestanden, aber die Jagdausübung praktizierte er schon viel früher, nämlich nach Kriegsende, und handhabte sie frei nach dem Jägerlied: „... so weit die braune Heide reicht, gehört das Jagen mir." – Und gleich nach dem Kriege ging das ja auch.

So grub er z. B. mit seinen landwirtschaftlichen Mitlehrlingen unter Anleitung des Lehrherrn Gußmann 1945 mit Erfolg viele Fallgruben, um Wildschweine zu fangen, die den 80 Hektar großen, von Wald umgebenen, Hof heimsuchten. – Es ist der Hof, nach dem mein Revier benannt ist, das schon der Großvater 1901 gepachtet hatte und das durchgängig von Jägern meiner Familie bejagt wurde: „Rothenkircher Hof-Rothenkircher Forst".

Damals inserierte ein Pelzhändler aus Randegg, daß er Marder zu guten Preisen aufkaufe. Erich besorgte sich eine Menge Marderfallen und stellte sie fängig.

Jeden Morgen, ehe er zur Landwirtschaftsschule nach Alzey fuhr, inspizierte er sie.

Sein Revier waren alle Scheunen und Schuppen am Ortsrand aller Dörfer rund um Flomborn und Alzey.

Es war diesiges, nebliges, kaltes Winterwetter. Der Schnee auf den Straßen war gefroren und bildete eine glatte Fläche. Erich war etwas spät in der Zeit, als er in Albig seine Fallen kontrollierte. Zwei Marder waren seine Beute, die er in seinem Rucksack verstaute, sich auf sein Motorrad schwang, um sogleich in die „Winterschule" nach Alzey zu fahren. In der Eile überfuhr er an der Ortsausfahrt das Vorfahrtsschild, rutschte auf die Hauptverkehrsstraße und stieß mit einem Lastkraftwagen zusammen. LKW und Motorrad schlidderten in den Straßengraben und Erich lag ohnmächtig unter dem LKW. Im Nu war eine größere Menschenmenge zur Stelle, die helfen wollte. Erich kam wieder zu sich, kümmerte sich aber nicht um die Helfer, sondern faßte suchend nach dem Rucksack, stellte fest, daß die Marder noch vorhanden waren, preßte nun den Rucksack fest an seinen Körper ... und fiel wieder in Ohnmacht. –

Auch unser Nachbardorf Ober-Flörsheim gehörte zu seinem begehrten Marderrevier. Inzwischen hatte er schon Dutzende Marder gefangen, sie dem Pelzhändler geschickt und aus dem Erlös seinen Motorradkauf finanziert. Auch stellte er Hochrechnungen an, was er sich bei gleichbleibenden Fangergebnissen und gleich hohen Marderpreisen noch alles leisten könnte. –

Da, ausgerechnet, kam der unerwartete K.-O.-Schlag, mit dem er nicht gerechnet hatte, denn in jenen Tagen fing er in einer Scheune, hinter der katholischen Kirche zu Ober-Flörsheim eine besonders starke, ansehnliche Katze mit feuerrotem Balg. Es war nicht die erste Katze die er gefangen hatte, – ich wußte das –, es war aber die erste, die vermißt wurde.

Der Pfarrer zog Erkundigungen ein, wo seine Katze geblieben sein könnte und siehe, die Spur führte nach Flomborn und zu meinem Bruder. Von Ober-Flörsheimer Berufskollegen wurde ich verständigt, daß Erich in furchtbarem Verdacht stand.

Als Erich aus der Schule kam, teilte ich ihm die Neuigkeit mit. Auch hingen unübersehbar die Bälge der letzten Nächte vor meinen Augen im Schuppen hinter unserem Haus. Erich war wenig beeindruckt über meine Mitteilung, im Gegenteil, sein Gesicht bekam einen schelmischen Ausdruck. – Danach geschah ein kleines Wunder, denn aus dem feuerrotem Balg des kapitalen Katers wurde plötzlich und über Nacht ein pechrabenschwarzer.

Als einen Tag später zwei Abgesandte des Pfarrers bei uns erschienen, konnten sie sich überzeugen, daß kein einziger roter Balg unter den Trophäen des Bruders zu entdecken war.

Erich hat damals erstmals den Widerstand einiger Weniger verspürt, die sein Tun nicht billigten und er gab alsbald den Marder- und Katzenfang auf. Hinzu kam, daß die ersten Reviere wieder verpachtet wurden und die Jagdausübungsberechtigten eine Konkurrenz nicht duldeten. Außerdem fiel der Marderpreis und der Pelzhändler bezahlte bei weitem nicht mehr so gute Preise, wie bisher, so daß dem Bruder der Marderfang so sehr verleidet wurde, daß er gar auswanderte in ein großes, fremdes Land. – Und was er dort so tut – in dieser Richtung, das weiß ich wirklich nicht. – Ich frag ihn auch nicht danach.

Die erste Geiß

So oft es nur möglich war, schoß ich im Frühjahr 1938 mit der 9,3 x 62 cm auf die Scheibe.

Inzwischen wurde Vater gemustert; denn am politischen Horizont sah es recht dunkel aus. Die Gefährlichkeit dieser Entwicklung für unser Volk konnte ich, als zehnjähriger, nicht erkennen, jedoch aus den Tischgesprächen meiner Eltern war eine ernste Besorgnis herauszuhören. Das nahm ich allerdings damals nicht wahr. Ich bemerkte nur, daß viele junge Männer aus dem Dorf zur Musterung nach Alzey zogen, um später mit dem Vier-Uhr-Zug wieder zurückzukommen. Wir spielten um diese Zeit meistens Fußball und hörten sie schon von weitem singen, wenn sie auf der Eppelsheimer Straße nach Flomborn kamen! Sie hatten bunte Bänder am Hut und geschmückte Spazierstöcke in der Hand. Auf den Bändern stand zu lesen, für welchen Truppenteil sie tauglich waren: bei den meisten war es die Infanterie. Sie kehrten in die Gaststätten von Mohr und Scheu ein und tranken Etliches über den Durst. Vorher hatten sie noch Eier und Speck gesammelt und ließen sie in der Wirtschaft backen.

Ich war inzwischen zehn Jahre alt geworden und sollte von der Volksschule in Flomborn auf die Höhere Schule überwechseln. Da meine Vorfahren Mennoniten waren, besuchten alle Familienangehörigen das von Mennoniten geleitete Gymnasium auf dem Weierhof am Donnersberg. Es blieb mir gar nichts anderes übrig, als diese Tradition fortzusetzen. Ob ich wollte oder nicht — ich wurde auf dem Weierhof angemeldet. Vater war dabei, als ich mich einer kleinen Aufnahmeprüfung unterziehen mußte. Und nach Ostern wechselte ich dann als Internatsschüler auf den Weierhof. Es fiel mir furchtbar schwer. Heimweh quälte mich und die Schule nicht minder. Wir hatten in der Volksschule im Hessischen etwas ganz

Mittagspause im Staatsforst Adenau mit dem Landesjagdreferenten Peter Conrad.

Winter im Rothenkircher Forst.

So fing es an, mein Jägerleben: der erste Bock 1939.

anderes gelernt als die Pfälzer — und so war ich trotz aller Anstrengungen alles andere als ein guter Schüler.

Um meine Leistungen anzuspornen, versprach man mir zu Hause, daß ich im Sommer eine Geiß schießen dürfe. Das war ein wirkungsvolles Trostpflaster für die leidigen Schulaufgaben.

Vater und Jean Weiser auf der Kohlhütte hatten eine uralte und schon längst bekannte Ricke direkt hinter der Kohlhütte, keine zweihundert Meter hinter dem Haus, für mich reserviert. Sie führte keine Kitze mehr und war rappeldürr. Regelmäßig um 19.30 Uhr wechselte sie vom Roggenschlag auf den Kleeacker.

Während die Männer in der Wirtsstube saßen, ging ich im alten Haus auf Entdeckungsreisen und fand auf dem Speicher eine alte Ziehharmonika der ich einige Töne entlockte; denn ich hatte Unterricht im Ziehharmonikaspielen. Entsetzt kam Marie, die Schwester von Jean, herbeigelaufen und meinte, ich würde mit meiner Musik die Geiß vertreiben. Das wollte ich aber auf gar keinen Fall — also hörte ich auf zu spielen und ging wieder nach unten.

Es war Zeit zum Aufbruch. Vorneweg ging Vater mit der Büchse, hinter ihm Jean mit dem Dreibock und als letzter folgte ich. Nach kurzem Anmarsch waren wir am Waldrand angekommen, bauten hinter einer Gebüschdeckung den Dreibock auf, legten die Büchse drauf und warteten. Rechts vor uns lag das Kornfeld, links der Kleeacker und im Hintergrund die Kohlhütte, der Hartsteinbruch, der Brunnenberg und die Rothenkircher Koppeln im Abendsonnenschein. Zum ersten Mal war ich mit ernsten Absichten auf der Jagd. Mein Vater rauchte eine „Senussi“, und Jean hing die Pfeife im Mundwinkel. Leise unterhielten sich die Männer und flochten in ihr Gespräch auch Ermahnungen an mich mit ein. Da bewegte sich vor uns etwas im Roggen und pünktlich — die Männer hatten schon zuvor

immer wieder auf die Uhr geschaut – kam unsere alte Geiß aus dem Kornfeld, keine vierzig Meter vor uns. Ich war schußbereit, hatte den Sicherungsflügel nach links gelegt, das Blatt der Geiß im Zielfernrohr. Vater fragte, ob ich fertig sei, ich nickte, und er gab mir das Zeichen, daß ich schießen dürfe. Wie schon x-mal vorher geübt, klemmte ich das Gewehr an die Schulter, stach ein und drückte ab: Rummmsss! Im ersten Moment sah ich gar nichts, während die Männer schon „Waidmannsheil!" sagten und viel aufgeregter waren als ich. Ich sah aber auch die Geiß nicht mehr. Sie war noch einige Schritte zurück ins Korn getaumelt und dort zusammengebrochen.

Stolz standen wir vor dem Stück. Ich betrachtete mein erstes Reh, Papa holte mir einen Bruch, Jean grinste mal mich, mal Vater an – immer die Pfeife im Mund – und auf der Kohlhütte gingen die Fenster auf und sie riefen herauf, ob es wohl geklappt habe. Oben im Wald habe ich dann unter Anleitung meine erste Geiß aufgebrochen und ausschweißen lassen. Die Männer gingen etwas abseits und ließen mich mit dem Stück allein. In dieser halben Stunde wurde mir klar, daß ich Jäger werden wollte. Sicher hatte ich Mitleid mit der Kreatur, aber mir war auch bewußt, daß z. B. so ein Stück aus der Wildbahn genommen werden muß; denn es war schwach und in einem kalten Winter würde es eine Beute der Sauen und Füchse, außerdem brachte es keinen Nachwuchs mehr zur Welt. Diese Zusammenhänge wurden mir schon damals klar und rechtfertigten mein Jagen.

Auf der Kohlhütte wurde die Geiß totgetrunken, von mir mit Sinalco und von den Männern mit Wein. Zu Hause führten wir dann die Beute meinem Opa und der Mutter vor und es wurde fotografiert. Wenn ich mir heute das Bild betrachte, wundere ich mich immer wieder darüber, wie froh ich damals war, daß ich das Gewehr halten durfte: ich war gerade zehn Jahre alt!

Der erste Bock

1939 mußte ich mich in der Schule fürchterlich anstrengen, aber die Noten waren dennoch dürftig und ließen zu wünschen übrig. Meine Lehrer waren der Meinung, daß ich ein „Spätzünder“ sei und hatten viel Geduld mit mir. Trotz meiner nicht lobenswerten Leistungen versprach Opa, mir für die großen Sommerferien einen Bock freizugeben. Er verband damit die Hoffnung, daß ich in der Schule nicht aufgeben solle, und er tröstete mich damit, daß er früher auch nur aus Trotz gelernt habe – diese Lernerei! Nun, das war wenigstens ein Lichtblick für die Ferien.

Zu unserem Unterricht gehörte auch eine gewisse vormilitärische Ausbildung, die uns Jungmannen allwöchentlich einmal auf den Schießplatz führte. Hier schossen wir mit dem Kleinkaliber für die Schießleistungsnadel. Herbert Willersinn von der Scharrau bei Ludwigshafen und ich standen im edlen Wettstreit um die meisten Punkte. So kam ich nicht aus der Übung.

Endlich waren die so heiß erwarteten großen Sommerferien da, und ich durfte abends mit Vater zur Jagd auf den Bock. Wir saßen am Waldesrand an einer Wiese an der Ambach oberhalb von Brauns Hühnerfarm, dort, wo heute der Forstgarten ist; vor uns ein paar Sträucher als Deckung und ein kleines Buchenstämmchen zum Anstreichen, sonst nichts, keine Fisimatenten. Der Bock kam spät, als die Geißen mit ihren Kitzen schon längst auf der Wiese ästen, noch immer viel zu weit entfernt. Etliche Ansitze vergingen, ohne daß der Bock näher als 150 bis 200 Meter herangekommen wäre. Eines Abends konnte ich es einfach nicht mehr länger aushalten und meinte, daß ich nun trotz der weiten Entfernung den Schuß wagen solle. Ich wolle es einfach versuchen – vielleicht träfe ich! Ich hatte es noch nicht ganz ausgesprochen, da gab mir Vater eine schallende Ohrfeige mit dem Verweis, daß man auf lebende

Tiere nur schießen dürfe, wenn die sicheren Voraussetzungen für einen Treffer gegeben sind. Vater sprach's und brach den Ansitz ab. Nun dauerte es eine ganze Weile, bis er mich wieder mitnahm.

Inzwischen war es Erntezeit geworden und ich hörte, daß die Böcke trieben – Blattzeit. Es war ein schöner warmer Sommertag, als wir wieder in die Pfalz fuhren, zu unserer Wiese. Das zweite Gras stand schon gut, so daß die Kitze ganz darin verschwanden. Im Westen ging die Sonne unter und ihre letzten Strahlen fielen uns direkt ins Gesicht – und da kam der Bock! Ein 2b mit etwas überlauscherhohen Spießen, hoch angedeuteten Augsprossen und starken Rosen. Papa meinte, er sei fünf- bis sechsjährig und abschußnotwendig. Wieder trieb und äste er zusammen mit einer Ricke vis-à-vis von uns auf der anderen Seite der Wiese. – Viel zu weit für einen Schuß! Ich hütete mich wohlweislich, etwas vom Schießen zu sagen, war aber einsatzbereit und hatte die Bockbüchsflinte griffbereit auf den Knien liegen. Da trieb der Bock plötzlich die Geiß mit Karacho quer auf uns zu. Und nun ging alles blitzschnell: Vater zog mich hoch, sagte: „Entsichern – Stechen – Anstreichen – – – fertig?" „Ja!" Ein kurzer Pfiff von Vater, der Bock verhoffte, als der Schuß auch schon krachte und ihn umwarf. Verdutzt lief die Geiß hin und her, um dann unter lautem Schmähen in den Wald zu flüchten, die anderen Rehe folgten ihr. Sofort lud ich nach und suchte mit dem Glas nach dem Bock, aber Vater lachte und sagte: „Das war ein guter Schuß! Du hast sehr schnell reagiert und ihn auf das Blatt getroffen! Das war diesmal ‚richtige' Jagd!" Überhaupt redete Vater jetzt ununterbrochen, so aufgeregt war er. „Achtzig Schritte weit hast du schießen müssen. Der Bock liegt, aber wir wollen noch eine Zigarettenlänge warten, bis wir hingehen."

Voller Spannung traten wir an meinen ersten Bock. Stolz nahm ich den Bruch mit frischem Schweiß in Empfang, gab dem Bock den letzten Bissen und hielt die Totenwache. Vater saß neben mir, rauchte eine Zigarette und sah abwechselnd zu mir und meinem Bock. „Das war eine sagenhafte Jagd!" sagte er immer wieder und freute sich riesig über unser Waidmannsheil. Am Waldrand habe ich dann unter Anleitung das Stück versorgt. Dann packte ich den Bock in den Rucksack, und wir machten uns in der einsetzenden Dämmerung auf den drei Kilometer langen Heimweg – den Ambachweg runter, das alte Chausee'chen – bis zu den Rothenkircher Koppeln – entlang und dann rüber zur Kohlhütte, wo in der Stube schon die Petroleumlampe brannte. Die alte Frau Weiser machte uns Abendbrot, während Vater den Geschwistern Weiser, Marie, Jean und Bernhard in allen Einzelheiten unsere Erlebnisse schilderte. Jean, der Jäger und Jagdaufseher, hatte seine Pfeife im Mundwinkel, seine Äuglein gingen wach zwischen den beiden Stauffers hin und her, und ab und zu machte er eine Bemerkung.

Draußen glänzten hell die Sterne, als wir noch immer bei schummrigem Licht in der rauchigen heimeligen Jagd- und Wirtsstube saßen und von allen möglichen Böcken und Hochsitzen und von Gott weiß noch was für Jagderlebnissen erzählten. So haben wir meinen ersten Bock totgetrunken mit richtigem Wein. Und Jean roch – wie immer – nach Wald!

Dann sind wir selig nach Hause gefahren – und das habe ich ja noch gar nicht gesagt! – mit dem Motorrad, einer BMW 400. Den Bock hatten wir auf dem Gepäckträger (der anstelle des Soziussitzes angebracht war), und ich saß rittlings auf dem Schoß meines Vaters.

Drei Wochen später begann der Zweite Weltkrieg, und Vater mußte in den Krieg ziehen. Einer heilen Welt, meiner schönen Jugendzeit, drohten bei intaktem Hof und vollzähliger Familie schlimme Veränderungen, unsagbares Leid und Unheil.

Zurückgestellt wegen Trunkenheit

Es war beim Derby Südwest des „Südwestdeutschen Clubs Kurzhaar“ am 22. April 1956 in Frankenthal. Ich führte damals meine Kurzhaarhündin Effi von Heimersheim, die ich zur Zucht verwenden wollte. Sie war eine hervorragende Hündin und stammte vom Züchter Heiner Koehler aus Heimersheim bei Alzey. Mein Vater führte sie im Derby und errang einen sehr guten Ia-Preis und einen Ehrenpreis. Ihre Wurfschwester Elke von Heimersheim wurde von Heiner Koehler, dem Züchter, geführt und versagte auf der ganzen Linie! Was war geschehen?

Früh morgens verstaute Onkel Heiner sein Frühstück, eine Flasche Wein und den Hund in seinem Auto, um nach Frankenthal aufzubrechen. Er wollte wie wir am Derby teilnehmen. In Alzey hielt er an einer Tankstelle, um zu tanken. Dabei entwischte ihm sein Hund aus dem Wagen. Er pfiff ihn zurück, und als er wieder ins Auto gesprungen war, wollte Heiner Koehler seinem Hund eine Lektion erteilen; der Schlag mit der Knute ging aber daneben und traf den Rucksack mit den Fressalien.

In Frankenthal, während der Hundesuche, rührte sich bei Herrn Koehler der Hunger. Er ging, um sein Frühstücksbrot zu holen und mußte nun enttäuscht feststellen, daß er am Morgen statt seinen Hund die Weinflasche getroffen hatte. Die war entzwei gegangen, und der Wein hatte sein Frühstücksbrot durchtränkt. Ärgerlich warf er das ungenießbare Frühstück seinem Hund hin, der es sofort gierig verschlang.

Etwas später wurde sein Hund geprüft. Heiner Koehler versuchte verzweifelt, alle verlangten Übungen mit ihm durchzuexerzieren, die sonst immer tadellos klappten, heute aber fast alle mißlangen. Der Hund hielt die Hasenspur nicht, er stand nicht vor und apportierte nicht, vielmehr torkelte er in der Gegend herum, bellte, wenn gar kein Anlaß war und benahm sich so eigenartig, daß der Prüfungsleiter und Erste Vorsitzende des Clubs, Herr Seidler, ungläubig den Kopf schüttelte und Heiner Koehler, in seinem herzlichen Mannheimer Sing-Sang, zurief: „Ei, Heiner, was ist denn heute mit deinem Hund los?“ – Da ging Herrn Koehler ein Licht auf, und er erklärte den Richtern: „Der Hund ist besoffen!“

So wurde erstmalig in der Geschichte ein Hund aus einer Prüfung zurückgestellt wegen Trunkenheit.

Anzumerken wäre noch, daß nach erfolgter Ausnüchterung die Elke nochmals geprüft wurde und einen IIa-Preis errang.

Der Fürstenstand in Selzen

Es gibt nicht viele Dinge, an die ich mit Grauen zurückdenken muß, und wo es mich noch heute schüttelt. So ein „Ding" passierte mir als grüner Anfänger etwa 1956/57 in Selzen auf einer Treibjagd. Mein Vetter war dort verheiratet und wann es immer klappte, luden wir uns gegenseitig ein. Ich hatte gerade die Jägerprüfung geschafft und war zum ersten Mal Gast bei meinem Vetter und der dortigen Jagdgesellschaft. Alles war neu und ungewohnt für mich. Die meisten Jäger waren mir fremd. Aus der Distanz des Neulings fixierte ich sie und versuchte sie einzuordnen, was mir aber nicht gelang. Etliche kannten sich und erzählten sich Neuigkeiten. Ich fand mich schlecht zurecht, konnte aber dann doch ein oder zwei Bekannte ausmachen. Mein Vetter machte mich auch mit etlichen Jägern bekannt. Nach dem ersten Imbiß blies man zum Aufbruch und überreichte den Jägern ihre Schützennummern. Ich erhielt die Nr. 1. Vor dem Gasthof wurden wir auf Ackerwagen verfrachtet, etwa zwanzig Herren mit und ohne Hunde. Ich hatte meinen Kurzhaar nicht mit, aber es waren genug Hunde da. Wir fuhren bis kurz hinter das Dorf, wo ich als Erster an einem Flutgraben abgestellt wurde. Ich hatte jetzt genug Zeit, den Aufmarsch zum ersten Treiben zu beobachten. Ich stand mit dem Rücken zum Dorf und hatte vor mir einige Gewann Ackerland, und dahinter stieg das Gelände an zum Hahnheimer Knopf, einem mit Reben bestandenen Hügel. Von dort aus wurde das Treiben direkt auf die Schützen entlang dem Graben zuge-

triebens. Ich fand, daß ich ziemlich zentral stand. Aber ich dachte mir: ‚Was wird schon in unmittelbarer Nähe des Dorfes vorkommen?‘, zumal sich jetzt etliche Zuschauer in respektierlicher Entfernung hinter mir einfanden. Ich hatte es, als wir abfuhren, gar nicht richtig mitbekommen, aber jemand sagte, die „Nr. 1“ sei der Fürstenstand. „Was ist das wohl: Ein guter Stand? Na, mal sehen!“ Patronen hatte ich genug und im Rucksack auf der Ackerrolle noch genügend Nachschub. Das Treiben wurde angeblasen. Die Treiber riefen: „Haarroo, haarroo!“ Die Hunde hetzten laut, und die ersten

Schüsse fielen. Deutlich konnte ich erkennen, wie die Treiber und Treiberschützen langsam den Hahnheimer Knopf herunterdrückten und die Hasen das freie Feld suchten. Sie kamen alle in meine Richtung. Vor mir lag ein gepflügter Sturzacker, aber gleich dahinter lief ein Luzernefeld quer. Alle Hasen liefen hierher. Der erste kam an, war in guter Schußentfernung, ich fuhr mit und schoß vorbei. Dann schoß ich nochmal und wieder vorbei! Gott sei Dank hatte mein Nachbar Waidmannsheil und erlegte den Hasen. Aber – was soll ich sagen? – der Teufel trieb sein Spiel mit mir. Alle Hasen, die kamen – und es kamen sehr, sehr viele – an allen habe ich vorbeigeschossen. Die Leute hinter mir lachten nach jedem Doppelschuß und sagten schon im voraus, daß ich auch den nächsten Hasen nicht treffen würde. Und da ich unten im Kessel stand, konnten fast alle Schützen sehen, daß der Schütze Nr. 1 sich so miserabel anstellte. Ich hatte tatsächlich mein ganzes Pulver verschossen. Um mich herum lagen die Hülsen zuhauf, aber kein Hase. Die hatte alle mein Nachbar geschossen. Es war Schindel aus Bechtolsheim. Ich war schon am Durchdrehen, als das Treiben endlich vorbei war. Doch die Qual hatte noch kein Ende; denn jetzt erkundigten sich alle Jäger, wer denn der schlechte Schütze gewesen sei – und man deutete auf mich. Ich hätte heulen können! Abends beim Schüsseltreiben wurde dann das Geschehen in etwas gelösterer Weise behandelt, was aber noch schmerzhafter war. Beizeiten habe ich mich dann nach Hause verdrückt mit dem festen Vorsatz, auf dem Schießstand den Kipphasen zu malträtieren; denn so was durfte mir nicht noch einmal passieren! Es ist mir aber auch nie wieder passiert. Trotzdem war ich jahrelang der „Schütze Nr. 1" und alle lachten über mein damaliges Mißgeschick. In Anlehnung an den Fußball kann ich sagen, daß Selzen mein „Angstgegner" war – lange Zeit jedenfalls!

Meine erste Sau

Mein Interesse galt am Anfang nur den Rehen. Aber schon im ersten Winter, nachdem ich den Jagdschein erworben hatte, weckte Vater mein Interesse für das Schwarzwild. Er hatte in dem Jahr, da er im Revier lebte und ständig draußen sein konnte, schon etliche geschossen. Es war im Januar 1957. Es lag Schnee, und der Mond war rund, als mir Vater vorschlug, nach dem Ansitz auf Geißen doch noch etwas zu bleiben. Er wolle – wenn ich Lust hätte – heute Nacht mit mir auf Sauen pürschen. Ich war einverstanden, obwohl ich hundemüde war. Wir aßen zu Nacht. Oma hatte Schweinesülze, wie immer, und Ei'chen. Dann legte ich mich aufs Ohr. Um 23.00 Uhr weckte mich mein Vater, wir zogen uns warm an und das Schneehemd, ein altes weißes Nachthemd, darüber. An den Kernbacher Hang wollten wir, in die Eichen- und Buchenstangen. Es lagen dort Eicheln und Bucheckern, und mein Vater hatte dort jede Nacht brechende Sauen bestätigt. Es war hell, wenn auch Wolkenfetzen am Mond vorbeizogen. Nach einer halben Stunde waren wir oben am Hang, und ich spürte schon vor meinem Vater den strengen Geruch der Sauen, und Vater nickte mir vielsagend zu. Den halben Hang vorsichtig hinuntergepirscht, nahmen wir dann den quer zum Hang gelegenen Weg, um gegen den Wind zu gehen. Vorsichtig und darauf bedacht, ja kein Reis zu brechen, schlichen wir zehn bis fünfzehn Meter, um dann wieder zu verharren, um zu hören und mit dem Glas alles abzuleuchten. Dann hörten wir sie brechen. Es krachte und schmatzte im Holz vor uns, und nach anstrengendem Spähen sahen wir sie. Es waren vier Überläufer. Mein Herz fing an, schneller zu schlagen. Wir mußten aber noch näher ran! Heute weiß ich, daß die Entfernung damals schon ausgereicht hätte für den Schuß, aber mein Vater wollte sichergehen, daß ich wegen der großen Aufregung auch traf. Die Anleitungen hatte er mir schon zuvor gegeben: das Wild mußte ruhig stehen, kein Ästchen durfte in der Schußrichtung sein. Vorsicht auch beim Hintergrund: kein zweites Stück durfte dahinterstehen und Dekkung mußte da sein. Es war also alles klar. Ich machte mich fertig. Ich hatte die Bockbüchsflinte 7 x 65 R, mit Kugel und Brenneke. Nun bemerkte ich doch zu meinem Erstaunen, wie rasch sich die Sauen brechenderweise bewegten und somit schwer ins Zielfernrohr zu bekommen waren. Auch waren sie im großen Hensoldt besser zu erkennen als im vierfachen Zielfernrohr. Der Wechsel von einem Glas zum anderen brachte immer eine kleine Umgewöhnungssekunde mit sich. So dauerte es ein wenig länger, bis ich endlich so weit war. Ich wechselte gerade wieder zum Zielfernrohr und hatte die einzelne Sau, die hinterste, aus den Augen verloren und starrte zwischen den Stangen in den Schnee, als die Sau mir ins Zielfernrohr wechselte. Sie hielt kurz an, und da krachte schon der Schuß. Blitz, Bumm!!! und ich sah nichts mehr. Die übrigen

Sauen hörte ich wegstürmen. Aber gleich darauf vernahm ich und sah auch, daß meine Sau noch schlegelte. So riet mir mein Vater kurz und bündig, ich solle vorsichtig ein paar Schritte vorgehen und ihr den Fangschuß geben. Ich ging langsam vor und hatte die Sau etwa zwanzig Meter vor mir, als ich sie mit der Brenneke erlöste. Vater beobachtete das Ganze mit seinem Glas, kam nun zu mir, und wir rauchten erst einmal eine Zigarette. Dann erst brach ich die Sau im Schein seiner Taschenlaterne auf. Zwischendurch gab ich aufgeregt Bericht über alles, was mich bewegte: „Trotz Mond und Schnee war doch verdammt schlechtes Büchsenlicht. Beim ersten bin ich etwas hinter Blatt abgekommen, Gott sei Dank oben, sonst wäre es ein Waidwundschuß geworden und es hätte eine Nachsuche morgen gegeben. „Hurra, Papa, ich hab meine erste Sau!" Zufrieden trug ich meinen Bruch. Und eigenartig, so eine Sau riecht viel interessanter als ein Reh. Und im Schweiße meines Angesichts zog ich die Sau, mit einem Strick um den Wurf, den Hang hinauf und bis zur Kohlhütte. Naß und dampfend hängten wir das Wutzchen in der Scheune auf. Drinnen stärkten wir uns noch und gingen hochbeglückt zu Bett. Aber schlafen konnte ich noch nicht, so hatte mich das soeben Erlebte beeindruckt. Draußen schien jetzt der helle Mond. Seit dieser Zeit bin ich „mondsüchtig". Und während ich eindämmerte, roch ich den Duft von Sauenschweiß an meinen Händen.

Die Jagdgrenze

„Opa-Kohlhütte“ wurde mein Vater, als er noch lebte, von unserer gesamten Familie genannt, weil er, als er aus russischer Gefangenschaft heimkehrte, sich in sein geliebtes Revier „Rothenkircher Forst“ zurückzog, Marie heiratete und fortan auf der Kohlhütte lebte. Marie hatte ihre Landwirtschaft verpachtet, betrieb aber eine kleine Ausflugsgaststätte. Viele Gäste waren es nicht, die kamen und die, die kamen, waren meist liebe gute alte Freunde und Bekannte von Vater und Marie, für die die Kohlhütte mit ihrer Knoblauchwurst und dem guten Wein aus Flomborn zu einer Art Geheimtip geworden war.

Unter den Gästen befand sich sehr oft Vaters Schulkamerad und Jagdnachbar Hans Böhmer, ein bekannter Fabrikant aus Alzey, der vor dem Ansitz immer gern zu einem Schwätzchen und einem Schoppen Wein vorbeischaute.

Eines Tages hatte Hans Böhmer ein Problem. Er hatte dem pensionierten ehemaligen Alzeyer Forstmeister Arnoldi einen Rehbock zum Abschuß freigegeben, der sich aber nicht im Alzeyer Stadtwald, sondern stets knapp über der Grenze, auf der Wiese von Vaters Rothenkircher Forst aufhielt.

Zur Erklärung sei gesagt, daß die Grenze vom Verlauf des Bächleins, des Kernbaches gebildet wird. Die Wiese selbst ist etwa drei Kilometer lang, aber mal eng, mal breit. Da Vater und Hans Böhmer aber gute Freundschaft hielten, ist es an dieser Grenze nie zu jagdlichen Komplikationen gekommen. Saß einer der Herrn diesseits der Grenze auf einem Hochsitz, mied der andere seinen Hochsitz auf seiner Seite und umgekehrt. Das und anderes mehr, besprachen die Beiden bei einem Gläschen Wein auf der Kohlhütte, ehe sie auf Jagd gingen.

Das Einvernehmen ging soweit, daß sie sich bei Gesellschaftsjagden zugestanden, Schützen auch auf „feindlichem" Gebiet abzustellen, wenn gerade an dieser Stelle, das Tälchen und die Wiese keine andere Möglichkeit offen ließen. Da Hans Böhmer etwas mehr begünstigt war, revanchierte er sich, indem er uns alljährlich zum Büchseneinschießen vor Aufgang der Bockjagd in seine Jagdhütte einlud.

Arnoldi selbst, ein gemütlicher, immer frohgelaunter Mann, war in meiner Jägerprüfungskommission, als er noch im Dienst war. Obwohl es fünf Benotungsstufen gab, sagte er stets bei der Benotung des jeweiligen Kandidaten: „Der war gut, dem gebe ich die Note eins", oder „Der war schlecht, dem gebe ich die Note zwei". So kam es, daß bei dem Prüfer Arnoldi kein Prüfling durchgefallen ist und er in hohem Ansehen bei den Jagdscheinanwärtern stand. – Gerne erinnere ich mich, wenn er von seinen Kriegserlebnissen 14/18 in Belgien erzählte, vornehmlich von Brüssel und den hübschen Mädchen der Stadt. Hans Böhmer meinte einmal, daß Brüssel doch ein teures Pflaster gewesen sei. Darauf antwortete der alte Forstmeister mit vielsagendem Lächeln: „Was billig ist, taugt nichts. Qualität hat halt seinen Preis!" –

Nun also sollte der alte Forstmeister einen Bock im Stadtwald schießen, der aber, wenn er ansaß, stets im Rothenkircher stand. Vater überlegte einen Augenblick, sah zu den Beiden hinüber und beschied: „Hans, Herr Arnoldi darf seinen Bock schießen, auch wenn er in meinem Revier steht, – aber nur unter einer Bedingung!" Hans Böhmer horchte auf, war einen Augenblick unsicher, weil er nicht wußte, was der andere damit meinte.

Vater fuhr fort: „Nur unter der Bedingung, daß, wenn der Bock erlegt worden ist, er hier auf der Kohlhütte totgetrunken wird!"

So ist es auch kurze Zeit später geschehen. Alle drei waren „häppy", wie man heutzutage zu sagen pflegt und sie tranken den Bock tot, bis in die späte Nacht hinein.

– Ja, das waren noch Zeiten! –

„Milo's“ erste Sau

Milo, von uns liebevoll „Millowitsch“ genannt, war ein Wachtelrüde und sah aus wie Ludwig XIV. Papa hatte ihn von einem bekannten Jäger gekauft, der durch Umzug in die Stadt nicht mehr wußte, wo er ihn lassen sollte. Er hatte meinem Vater Milos Vorzüge gepriesen, wie spurlaut, Saupacker, Totverbeller, superscharf, gute Wasserarbeit, apportierfreudig, kurzum: Milo mußte ein Spitzenhund sein. Aber so gab er sich nicht und so sah er auch nicht aus. Wenn Papa bei Tisch saß, saß Milo brav neben ihm und bekam ab und zu mal einen Brocken. Er bettelte nicht, nur manchmal hörte man einen kurzen Brummton, wenn er meinte, jetzt wäre er mal wieder an der Reihe. Die erste Zeit sollte er sich ja auch zunächst an seinen neuen Chef gewöhnen, deshalb bekam er noch keine Arbeit. Mein Vater pflegte zu sagen: „Milo ist ein guter Hund und friiißt!“

Es war Vollmond im November. Hinter der Kohlhütte standen noch zwei kleine Parzellen mit Futtermais und die Sauen sollten jetzt da drin sein. Ich fuhr „hinter auf die Jagd“, also von Flomborn zum Rothenkircher Forst, zur Kohlhütte. Vater war's an diesem Abend zu kalt. Tatsächlich war das Thermometer unter null gefallen. So machte ich mich auf – gut verpackt – und setzte mich nur dreihundert Meter westlich von der Kohlhütte an den schmalen Maisstreifen unter einen Mostbirnenbaum. Schon nach kurzer Zeit fror ich erbärmlich. Nichts regte sich. Nach drei Stunden – es mochte mittlerweile 22.00 Uhr geworden sein – ging ich zurück zur Kohlhütte, um zum Aufwärmen einen Glühwein zu trinken. Nach einer knappen Stunde war ich wieder draußen. Ich wollte es noch einmal versuchen. Der Mond stand klar, hell und kalt am wolkenlosen Himmel. Vor mir das Maisstück, dahinter der dunkle Wald, aber nichts rührte sich. Nur der Winkelbach plätscherte. Um 24.00

Schottische An- und Aussichten.

Mit meiner Frau im schottischen Hochland.

Rheinland-pfälzische Agrarpolitik und Jagd in Adenau 1986: Staatssekretär und ehem. Landrat von Mainz-Bingen, Römer und Forstamtsleiter Kaiser, Adenau.

Waidmannsheil im Staatsrevier Adenau 1991. Staatssekretär Prof. Rumpf überreicht den Schützenbruch.

Uhr brach ich steifgefroren den Ansitz ab und ging zurück zur Kohlhütte. Als ich hinter dem Wohnhaus war, gerade auf der Höhe von Vaters Schlafzimmer, hörte ich die Sauen vor mir im anderen Maisstück. Sie hatten etwas gemerkt und brachen nach links in den Wald. ‚Dunnerkeil, was ein Pech!', dachte ich eben und versuchte, mit dem Glas den Sauen zu folgen, aber ein kleines Waldstück verdeckte die Sicht. So leuchtete ich den Waldrand mit dem Glas ab. Und da löste sich ein schwarzer Schatten vom Waldrand und kam auf mich zu: eine Sau und eine starke obendrein. Langsam, in Zeitlupe, nahm ich meine Büchse, machte sie fertig und ging in die Knie, um aufzulegen. Jetzt hatte ich die Sau im Zielstachel, aber sie kam immer noch auf mich zu. Im Zielfernrohr schien es mir, als wolle sie mich umrennen. Da stellte sie sich auf einmal quer, ich faßte das Blatt und schon brach der Schuß! Auf den Schuß hin ging die Sau sofort mit vollem Tempo los und verschwand im Wald. Jetzt begann ein Getöse hinter mir; Vater donnerte im Schlafzimmer los und Oma auch. Vater stieß den Fensterladen auf und fragte, was mir einfalle, direkt vor seinem Schlafzimmer zu schießen. Er war fuchsteufelswild, so sehr mußte ihm der Schreck in die Glieder gefahren sein. Ich erzählte kurz, was geschehen war. Er fragte: „Liegt die Sau?" „Nein", sagte ich, „sie ist ab in den Wald." „Fahr heim und sei morgen früh beizeiten da zur Nachsuche!" Etwas bedeppert fuhr ich nach Hause. Aber ich war gut Blatt abgekommen, die müßte den Schuß haben!

Am nächten Morgen hatte sich mein alter Herr wieder beruhigt, hörte sich nochmals in Ruhe alles an und meinte, daß man jetzt Milo einsetzen solle. Ich war einverstanden; denn der „Alte“ hatte das Sagen, das Kommando: Am Anschuß lagen nur einige wenige Schnitthaare, kein Schweiß und nichts, solange wir auch suchten. An der langen Leine führten wir Milo zum Anschuß. Der untersuchte ihn — wie ich meinte — nicht besonders eifrig. Und bald stellte sich heraus, daß Milo auch keine Schweißfährte fand, sondern in der Gegend herumfaselte. Kurz entschlossen schnallte ihn mein Vater. Da ging der Kerl zum Anschuß und tat sehr wichtig. Mit tiefer Nase machte er einen großen Bogen nach rechts zum Wald und verschwand, wie meine Sau gestern Abend. Wir eilten hinterher. Oben im Hang gab er etliche Male kurz Laut, leider wechselte die Stelle immer wieder: er war Spurlaut. Keuchend hetzten wir hinter dem Hund her, mußten öfter verschnaufen, aber stets hörten wir ihn vor uns. Es ging ziemlich steil bergan und Vater meinte, daß eine kranke Sau so etwas nicht mehr geschafft haben könne. Nach einer halben Stunde hörten wir Milo ganz grimmig bellen, knurren und zerren. Wir stürmten voran und in ein paar Buchenrauschen lag die Sau mausetot, und Milo saß davor und gab ständig Laut. Ich war sehr froh, aber der Bursche ließ uns nicht ran. Mit Müh und Not bekamen wir ihn von der Sau weg und leinten ihn an. Und was sag ich, guter Blattschuß, vielleicht etwas tief — und Milo hatte sie gefunden. Natürlich bekam Milo die Milz und die Lunge. Er war von diesem Zeitpunkt an unser Hund, der Hund, der auf jeder Nachsuche, auf jeder Jagd, mit dabei war. Nach Vaters Tod, lebte er noch bei mir und bekam das Gnadenbrot. In Erinnerung an die guten Charaktereigenschaften von Milo, habe ich mir vor zwei Jahren wieder einen Wachtelhund gekauft, der genau so treu, anhänglich und jagdlich hervorragend ist.

Die Jägerprüfungsfrage

Alle Hundeführer aus unserem südwestdeutschen Bereich, gleich welchen Jagdhund sie auch führen, müßten eigentlich noch unseren Altmeister der Hundezucht und Abrichtung, Herrn Karl Kleila aus Flonheim kennen oder sich an ihn erinnern. Ein Leben lang hat er sich mit großem Einsatz für den Jagdgebrauchshund eingesetzt, ja er war auf diesem Sektor zu einer „Institution" geworden. In Jagdhundefragen ging kein Weg an Karl Kleila vorbei. Er wußte, daß so exponierte Niederwildreviere, wie wir sie haben, nicht ohne gute Vorstehhunde auskommen können.

Kleila war ein leicht gebeugter, hagerer Mann mit zerfurchtem, verwittertem Gesicht, ein alemannischer Menschenschlag. Er hatte eine markige, scharfe, klare Stimme und ein ebenso klares Urteilsvermögen.

Obwohl ich in meinem Vater auch bezüglich der Jagdhunde einen guten Lehrherrn hatte, habe ich von Kleila, dem großartigen Mann, vieles hinzulernen können. Er übte viele Ehrenämter aus. —. Als ich einen neuen Jägerprüfungsausschuß berufen mußte, bat ich Karl Kleila, trotz seines Alters, sich nochmals zur Verfügung zu stellen, denn er gehörte diesem Gremium schon seit Vaters Zeiten an. Er willigte ein und prüfte das Fach „Hundewesen" bis zu seinem Tode.

Eine nette Episode mit ihm aus einer Jägerprüfung: Kleila fragte einen Anwärter:

„Mit welchen Geburtsfehlern kann ein Welpe auf die Welt kommen, gewölft werden?"

Er hoffte zu hören: Senkrücken, O- oder X-beinigkeit, Gebißfehler. — Was aber sagte der Geprüfte: „Einäugigkeit!"

Wie von einer Tarantel gestochen sauste Kleila hoch und in Habachtstellung, während wir, die übrigen der Prüfungskommission erschrocken mal zu dem Prüfling, mal zu Kleila sahen. Kleila stützte seinen Kopf auf seine Hand und sah den Mann eine ganze Weile schweigend an. Wir merkten, wie es in ihm arbeitete: Wollte der Mann ihn verulken oder war er nur unwissend. Ich war gespannt, wie er auf eine solche Antwort reagieren würde.

Da legte sich Karl Kleila in seinen Stuhl zurück, seine Augen funkelten, als er sagte:

„Einäugigkeit, – oooh, das ist guuut. – Und wissen Sie warum?“ bellte er den Prüfling an, der einfältig vor ihm saß: „Nein?!“

„Ei, wenn Sie den Hund totschießen, braucht der nur ein Auge zuzumachen!!!“

Der Fuchs im Wohnzimmer

Mein Großvater liebte es, sich von Zeit zu Zeit von zu Hause abzusetzen, um in Ruhe einige Tage auf der Jagd zu verbringen. Die Bahnverbindung war ihm etwas zu umständlich; denn dann hätte er erst zwei Kilometer zum Bahnhof Eppelsheim laufen müssen, um mit dem Zug nach Alzey fahren zu können. Dort hätte er in den Zug nach Kirchheimbolanden umsteigen und von dort aus noch fünf Kilometer zur Kohlhütte laufen müssen und dies alles mit jagdlichem und sonstigem Gepäck. Das war ihm zu umständlich und zu beschwerlich. Also nahm er sich ein Taxi und ließ sich einfach zur Kohlhütte fahren, wo er wohnen wollte. Gott sei Dank hatte er dort seine gute Verpflegung und Fürsorge. Schließlich war er schon über siebzig und seine Frau, unsere Oma, war doch etwas ängstlich um ihn besorgt. Aber er freute sich auf diese Tage immer schon im voraus und die ganze Familie nahm regen Anteil daran, wenn er seine Pläne schmiedete.

Im Grunde hat er genau das getan, was auch ich heute noch so gerne mache: Raus aus der Tretmühle, raus aus dem Betrieb, abschalten, ... nur auf die Jagd gehen.

Es war im Winter 1942, es hatte schon etwas geschneit und die Temperaturen lagen um und unter null Grad — da verkündete er, daß er wieder einige Tage zum Rothenkircher Forst wolle. Er war damals 71 und so mußte er diesmal doch etwas härter um die allgemeine Zustimmung kämpfen. Aber er setzte sich durch. Er wolle noch eine Geiß und einen Fuchs schießen, vielleicht auch eine Sau, so sagte er uns.

Die Weisers auf der Kohlhütte berichteten später, er sei jeden Tag draußen gewesen und hätte sich sehr wohl gefühlt. Von den Sorgen, die er sich um meinen Vater machte, der im Krieg war, ließ er sich nichts anmerken.

Eines Abends, es war schon dunkel, kam er vom Ansitz zurück und hatte einen Bruch am Hut. Die Frage, ob er etwas geschossen habe, bejahte er. Weil er hungrig und durstig sei, wolle er gleich etwas essen. Die Geschwister Jean und Marie und die alte Frau Weiser saßen mit ihm am Tisch. Die Petroleumlampe brannte und warf ein schwaches Licht. An der Tür lag sein gefüllter Rucksack. Als Großvater mit seinem Mahl fertig war, fragte ihn Jean wieder: „Herr Stauffer, was haben Sie denn heute geschossen?“ Da sagte er: „Einen Fuchs, wollt ihr ihn sehen?“, ging zu seinem Rucksack und schnürte ihn auf. Als er aber den Fuchs herausziehen wollte, sprang ihm dieser aus der Hand. Das Geschrei der Frauen war groß. Sie flüchteten sofort auf die Stühle, auf den Tisch. Das Geschirr fiel klirrend zu Boden. Opa mußte über die erschreckten Damen fürchterlich lachen und war zu keiner weiteren Reaktion fähig, während Jean versuchte, mit einem Stuhl dem Fuchs zu Leibe zu rücken. Der aber entwischte ihm immer wieder zwischen den Tisch- und Stuhlbeinen. So entstand ein ziemliches Tohuwabohu, denn die Damen schrien noch immer, Opa lachte und sah dem Fuchs zu, während Jean ein Möbelstück nach dem anderen entweder verschob, umwarf oder sogar demolierte. Als er dem Fuchs so nicht beikam, entschloß er sich, seinen Hofhund, einen Schäferhund, zu holen. Dieser war zwar scharf und ein guter Hofhund aber einen Fuchs hatte er noch nicht gesehen. Er besah sich das fremde Tier, blickte abwechselnd seine Herrschaft und den

Fuchs an, bleckte die Zähne und fing an zu knurren, während der Fuchs still in der Zimmerecke saß und ihn anfixierte. Unterdessen befahl Jean dem Hund mehrmals ärgerlich, den Fuchs zu apportieren. Eine ganze Weile geschah nichts, dann aber stürzte sich der Hund auf den Fuchs und bellte fürchterlich. Der Fuchs nahm Reißaus, während der große Schäferhund mehr auf dem glatten Fußboden rutschte, als er laufen konnte, wodurch das ganze Durcheinander noch größer wurde. Das ging eine geraume Weile so, bis sich der Zweikampf schließlich zu ungunsten des Fuchses entschied.

Die Reaktionen auf dieses Erlebnis waren ganz unterschiedlich: Die Frauen verboten den Jägern ganz entschieden, jemals wieder einen Fuchs ins Haus zu bringen. Jean hingegen nahm nunmehr jede Gelegenheit wahr, wenn er einen Fuchs erlegt hatte, seinem Schäferhund das jagdliche Apportieren und Würgen beizubringen, und wenn man Opa auf diese Geschichte hin ansprach, fing er immer wieder fürchterlich an zu lachen, ohne ein Wort herauszubringen.

Der Schuß in der Nacht

Wenn Vater schlief, schnarchte er fürchterlich. Ich kann ein Lied davon singen … und auch meine Stiefmutter auf der Kohlhütte. Eines Nachts wurde sie davon wach und konnte einfach nicht mehr einschlafen, so sehr schnarchte der Mann neben ihr. Da nahm sie kurzerhand ihr Oberbett und zog ins Nebenzimmer. Hier war es ihr aber zu kühl und sie konnte wieder nicht schlafen. So ging sie zurück ins gemeinsame Schlafzimmer, legte das Plumeau schön locker aufs Bett und schlug mit ihren beiden Händen darauf, so daß es einen regelrechten lauten Knall gab. Vater rührte sich kaum, murmelte nur: „Was ist los?“ und schlief feste weiter. Am nächsten Morgen beim Frühstück sagte er beiläufig zu seiner Frau: „Du, da ist heut Nacht ganz in der Nähe ein Schuß gefallen.“ Oma sagte gar nichts dazu.

Am Nachmittag kam Freund Werner Zimmermann aus Flomborn, um Vater zu besuchen und als er Oma fragte, was es denn Neues gäbe, berichtete sie, daß ihr Mann nachts so fürchterlich schnarche und daß sie letzte Nacht, usw. usw. .. Da wurden die Augen von Vater groß und größer – er konnte immer so herrlich verdattert dreinschauen – und er sagte nur: „Gott sei Dank, daß du das warst! Ich konnte mir auch nicht vorstellen, wer so mitten in der dunklen Nacht schießt!“

Alles oder nichts

Anfang der sechziger Jahre war im Forsthaus im Dorf Haide, das für uns zuständig ist, Wachablösung. Oberförster Bauer, ein stiller ruhiger Mann, wurde pensioniert und zog nach Kirchheimbolanden. Aus Johanniskreuz in der Südpfalz wurde der Förster Theo Günther, ein kleiner, kräftiger Forstwirt und Jäger, nach Haide versetzt. Des öfteren besuchte er meinen Vater auf der Kohlhütte, da die beiden beschlossen hatten, zusammen im Fußballtoto zu spielen und zum anderen gab's bei meinem alten Herrn immer einen Schluck guten Wein. Die Frage, die uns anfangs sehr interessierte: „Wie ist Günther als Jäger?", mußte noch offen bleiben; denn bei uns hatte er zwar „freie Büchse", doch er nutzte — wie auch Förster Bauer — sein Recht selten, sondern jagte im Staatlichen. „Na", dachten wir, „die herbstlichen Jagden kommen bestimmt und dann ist unser Forstmann ja mit von der Partie." Daß er in der Südpfalz Hirsche, Muffel und auch Keiler geschossen hatte, dies hatte er uns schon erzählt in seinem südpfälzer Dialekt.

Im Oktober kam die Einladung zur Jagd im Forstamt Kirchheimbolanden. Wir jagten im südlichen Donnersberg. Förster Günther war mein Nachbarschütze. Von den wenigen Hasen, die es auf dem kalten Berg gab, kam ausgerechnet einer zu Herrn Günther, der ihn mit einem saubern Schuß erlegte. ‚Na', dachte ich, ‚schießen kann er!'

Bald darauf fiel etwas Schnee und wir hatten Sauen fest. Wie bei meinem Vater üblich, lud er nur einige wenige Schützen dazu ein. Die Sauen steckten in der Dornendickung im Revierteil Fürstenstand. Günther war am Rückwechsel abgestellt. Dort kamen dann auch die Sauen. Keiner von uns hat sie gesehen, aber den Förster hätten sie bald umgerannt. Wir hörten ihn etliche Male schießen,

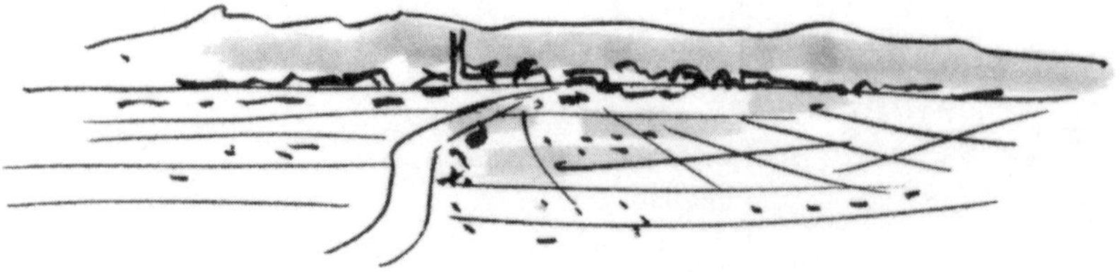

aber leider, leider ..., so hat er uns erzählt, hat er keine erlegen können, was immer auch schuld gewesen sein mochte.

Kurze Zeit später spielte sich eine Saujagd ähnlich ab. Wieder kamen die Sauen bei Günther und es klappte nicht. Was soll ich berichten? Bei einer dritten Jagd im Rothenkircher Forst, noch im selben Monat, geschah es, daß bei Günther die Sauen kamen und wieder hatte er kein Waidmannsheil. Wir haben ihn nach jeder Jagd immer zweifelnder angesehen und immer wortloser seinen Ausführungen gelauscht. Gesagt haben wir nichts. War er nur vom Pech verfolgt? Das soll's ja geben.

Dann kam nach einigen Wochen – es war mittlerweile Januar geworden – wieder die Nachricht: Sauen fest! Wir trafen uns wie immer bei Vater auf der Kohlhütte, und er erklärte uns, wo die Schwarzkittel steckten und wie wir das Gelände angehen wollten usw., usw. Ich sollte Günther in meiner Gruppe haben. – Es lag wieder eine dünne Neuschneedecke und wieder steckten die Sauen in der großen Dornendickung am Fürstenstand, einem Kopf aus Felsen, hoch über dem Forstgarten in der Ambach, wo ich 1939 meinen ersten Bock erlegt hatte. Von dort aus mußte ich meine fünf bis sechs Herren anstellen, während mein Vater die andere Seite abstellte. Förster Günther war der erste, den ich stehen ließ und keine sechzig Schritt von ihm stellte ich den Bäcker Stoll aus Oberwiesen ab, der eine gute Kugel schoß. Ich bat ihn, daß er notfalls dem Förster aushelfen müsse. Ich stellte weiter ab, traf mich mit meinem Vater und wir konnten anblasen. Unser alter Oberwieser Treiber Peter Eisen nahm unseren Spanielrüden Tell und ging an. Es dauerte nicht lange, als Tellemann Laut gab. Die Spannung wuchs. Das Anschlagen des Hundes ging in Richtung Förster Günther / Bäcker Stoll. Vater und ich sahen uns vielsagend an, als es auch schon da drunten zweimal kurz hintereinander schoß. – Peter war durch die Dickung gekommen und war jetzt bei uns. Die Sauen waren draußen. Vater und ich sammelten wieder unsere Schützen ein und als ich zu Günther und Stoll kam, lag ein schwerer Keiler auf der Schwarte, den Stoll gerade aufbrach. Kurz berichteten Stoll und Günther mir, daß bei ihnen die Rotte von fünf Sauen durchgebrochen war, vorneweg und deutlich anzusprechen dieser schwere Keiler. Günther schoß von rechts und Stoll von links und bei Stolls Schuß sei der Keiler über Kopf gegangen. Stoll sei der Schütze, teilte mir Günther zerknirscht mit, es wäre zwischen den beiden alles klar. Also gratulierten wir dem Schützen, der uns nun zu einem Glas Wein bei Kätha Weiser auf die Haide einlud. Es wurde ein sehr netter Abend, wir haben viel erzählt und gelacht. Stoll hatte das ihm zustehende kleine Jägerrecht an sich genommen und gebeten, daß wir ihm die Waffen des Keilers aufbewahren sollten. Und dann spendierte er noch einige Runden Wein. Förster Günther saß dabei und war gar nicht mit sich einig. Tätsächlich war dieser Keiler die erste Sau, die in diesem Winter fiel. Obwohl schon zuvor so viele Sauen vorgekommen waren, war es ihm nicht geglückt, eine zu erlegen.

Am Frontlader meines Traktors hatte ich die Sau zum Auskühlen hochgezogen, um sie am nächsten Tag abzuschwarten. Aber in der Nacht gab's scharfen Frost und die Sau gefror durch und durch, so daß ich mir mit dem Abschwarten noch etwas Zeit lassen konnte, auch war es ja nicht schlecht, wenn ein so schwerer alter Keiler noch etwas abhing, weil durch den Frost das Wildbret zarter wurde.

Da rief in der Mittagspause Förster Günther bei mir an und sagte, daß er es sich einfach nicht vorstellen könne, daß er die Sau nicht getroffen haben sollte. Er wäre genau Blatt abgekommen. „Aber, aber, Herr Günther“, erwiderte ich, „habt Ihr das denn nicht gleich am Anschuß festgestellt? Als ich zu Euch kam, war doch alles klar! Habt Ihr Euch denn nicht überzeugt?“ „Nein, das ging ja alles so schnell, und in der Aufregung haben Stoll und ich gar nicht genau hingesehen!" Na, da war ich aber ganz schön schockiert. Ich sagte ihm, er solle einen Moment am Telefon bleiben, die Sau hinge noch draußen. Ich wolle schnell mal nachsehen. Ich legte den Hörer hin, ging zur Sau und untersuchte sie jetzt zum ersten Male genau, fand den Einschuß und den Ausschuß einer einzigen Kugel. Der Einschuß zeigte deutlich die Stanzwirkung der Kugel, die Borsten waren kreisrund abrasiert, während der Ausschuß durch die aufgepilzte Kugel größer war und keine Borsten ausgestanzt waren. Schnell ging ich zum Telefon und berichtete jetzt ebenfalls überrascht dem Förster, was ich gesehen hatte. Sofort wollte er zu mir nach Flomborn kommen, um sich selbst zu überzeugen.

Das war nun ein Ding mit Pfiff und betraf nicht nur Günther und Stoll, sondern auch Vater und mich; denn wir hätten uns ja mindestens mal an Ort und Stelle überzeugen können, wer tatsächlich der Schütze gewesen war. Aber wer denkt schon an ein Versehen und so ... die zwei waren sich doch auch schon untereinander einig! Also rief ich Vater an und den Bäcker Stoll und bat sie, jetzt ebenfalls nach Flomborn zu kommen, damit die Sache geklärt werde.

Aber da war nichts mehr zu klären. Auch Stoll erkannte nun eindeutig, daß nicht er der Schütze gewesen sein konnte, der die Sau geschossen hatte, sondern Günther. Während wir alle zusammen in meinem Jagdzimmer dem neuen Schützen zuprosteten, fällte Vater eine weise Entscheidung, mit der alle einverstanden waren, nämlich: Stoll hatte das kleine Jägerrecht schon längst aufgegessen, also ihm wurde nachträglich das kleine Jägerrecht zugesprochen. Förster Günther sollte die Waffen und die Schwarte erhalten und wir, die Gastgeber, zahlten — sozusagen als Lehrgeld — die Runden, die Stoll bei Kätha spendiert hatte. Förster Günther war wieder mit sich und der Welt zufrieden. Und die Lehre, die wir daraus zogen: in Zukunft habe ich jede Sau, die bei uns gestreckt wurde und an der mehr als ein Schütze beteiligt war, genau untersucht und festgestellt, wer der Schütze gewesen ist.

„Hirsch tot“ für einen Ib-Bock

Ganz gewiß ist die Jagd auf den König der Wälder, den Rothirsch, das Traumziel eines jeden Jägers. Aber soviel man davon träumt und sich Hoffnungen macht, bleibt es für viele, viele Jäger ein Traum. Auch ich begann in den sechziger Jahren, ab und zu zu hoffen, zu träumen, ob es mir mal vergönnt sein möge, auf diese herrliche, stolze Tierart jagen zu dürfen; tröstete mich aber ganz schnell wieder, denn ich wollte ja nicht unbescheiden sein. Durfte ich doch die Jagd in einem Niederwildrevier auf Hase, Fasan, Fuchs, Kaninchen, Feldrehe und Raubzeug ausüben und durfte in einem Waldrevier jagen auf Rehe, Sauen, Füchse und Hasen, und das rund um die Uhr im ganzen Jahr! Also mal schön auf dem Teppich bleiben und nicht nach den Sternen greifen! Laß doch die Wenigen strunzen mit ihren teuren Auslandstrophäen, die meist innerhalb weniger Ferientage erjagt werden müssen im Beisein fremder Jagdführer, in einem fremden Revier. Ich bin dort, wo ich jage, zu Hause und habe zu jeder Stunde, die der liebe Gott werden läßt, die Chance, rauszugehen und somit eine gewisse Freizügigkeit, die andere eben nicht haben. – Aber träumen darf man ja wohl! –

An der oberen Steineren Brücke in der Kernbach sollte ein guter Bock gehen. Heimlich mußte er sein – also ein alter Bock. Vater, ein Waldarbeiter und Helmut Winter aus Alzey, hatten ihn gesehen. Es war möglich, daß auch ich den Bock schon gesehen hatte, aber ansprechen konnte ich ihn nicht; denn stets war es schon zu dunkel. Das Jahr verging, ohne daß er erjagt werden konnte. So nahm ich mir vor, auf diesen Geisterbock im nächsten Jahr besonders aufzupassen. Es war die Zeit, als Herbert Hartmann, Bürgermeister aus Mauchenheim, zu uns in die Rothenkircher Jagd stieß. Er war ein Freund unseres Jagdteilhabers Julius Orb, schwerkriegsbeschädigt, und ein passionierter guter Jäger.

Die Ernte war eingebracht, das Stroh geborgen und die Äcker umgebrochen. Ich hatte wieder etwas Atempause und wieder eine geregelte Arbeitszeit. So startete ich kurz nach 18.00 Uhr bei gewittrigem Wetter. Es war zwar schon etwas spät, aber noch Blattzeit. Da wurde ich am Ortsausgang Zeuge eines Unfalles: Otto Stutzmann sen. fuhr mit einem Schlepper und einem angehängten hochbeladenen Strohwagen in zu schnellem Tempo von der Straße in sein Grundstück. Durch die Erschütterung und die seitliche Fliehkraft brach das Preßstroh auseinander. Der auf dem Wagen sitzende Fritz Hahl fiel herunter, schlug hart auf die asphaltierte Straße und brach sich den Arm. Ich leistete Erste Hilfe und veranlaßte, daß er sofort ins Kreiskrankenhaus nach Alzey gebracht wurde. Dann erst setzte ich eilig meine Fahrt fort und wollte sofort zur Kernbach fahren und nicht mehr, wie sonst üblich, an der Kohlhütte vorbei, um Vater Bescheid zu sagen. Vor der kleinen Brücke stellte ich das Auto ab, griff Anorak, Glas und Büchse und wollte den Hang nach oben eilen zum Hochsitz. Im Westen donnerte und blitzte es und die ersten Regentropfen fielen. Da zog ein Bock oben von links nach rechts äsend über die Blöße zur Dickung hin. Glas hoch: dicker Träger, Hängebauch, stark im Wildbret und, was für ein Gehörn! und was für ein Gesichtsausdruck! — das war er! Anorak aus, Glas weg und noch schnell einige Meter nach vorn! Gleich war er aus der bewachsenen Blöße auf dem Weg. Ich kniete, stach ein, legte an. Mit einem Sprung war er über dem Weg und an der Dickung — das Haupt war schon im Gebüsch, als der Schuß brach und der Bock im Feuer blieb. Erleichtert holte ich Luft. Das war höchste Eisenbahn und unheimliches Jagdglück! Eine Zigarettenlänge harrte ich aus, dann ging ich zum Bock. Ein Blick in den Unterkiefer bestätigte mein Ansprechen. Jetzt mußte ich mich beeilen mit der roten Arbeit; denn nun regnete es stärker. Der Bock wurde im Auto verstaut und mit dem Bruch am Hut fuhr ich zur Kohlhütte. Dort regnete es eigenartigerweise noch nicht. Als ich auf dem halben Hang oberhalb der Kohlhütte ankam, sah ich, daß das Auto von Herbert Hartmann auf der Kohlhütte hielt. ‚Aha', dachte ich, ‚es will regnen und da trauen sich Vater und Hartmann nicht raus.' Plötzlich kam mir der Gedanke, daß ich mich bei ihnen anmelden könnte. Ich hielt an, holte mein Jagdhorn hervor und kam auf einmal nicht mehr auf das Signal „Reh tot", na sowas! Also dann „Hirsch tot" und das gleich dreimal, daß es weit über das Winkelbachtal schallte bis hin zur Kohlhütte zu meinen beiden Jägern. Neugierig, durch das im Rothenkircher Forst unbekannte Signal, standen die Jäger, einschließlich Oma, in der Tür und empfingen mich. Mit Händedruck und Waidmannsheil wurde der Bock begutachtet, das Gehörn, der Unterkiefer, na, die übliche Fachdiskussion nach jedem Waidmannsheil, wenn man etwas geschossen hat: „Ist er wirklich so alt, wie man ihn angesprochen hat!" Inzwischen regnete es auch hier. Wir tranken den Bock tot und da meinten die beiden dann, daß das Signal aber nicht gestimmt hätte, das passe besser für einen Hirsch. Ich konterte: „Lieber ein Totsignal, als gar keins; denn das Jagdhorn gehört dazu, zur Jagd."

Butz, Kossebau und der Esel

Es war in den sechziger Jahren, da lud Vater seinen Flomborner Jagd- und Jugendfreund Werner Zimmermann zu sich in den Rothenkircher Forst ein und gab ihm einen Bock frei. Er beschrieb ihm den Bock und wies ihn ein. Es wäre am Neuhöfer Feld, einem Haferschlag am Kiesbuckel, dort trete der Bock aus. Außerdem sei es möglich, daß auch Sauen vorkommen könnten; er solle also die Chancen nutzen. Zimmermann, ein guter Jäger, war Pächter von Esselborn, seinem Heimatdorf und der Motor unserer Jagdgesellschaft Flomborn/Esselborn. Mit Rehwild hatte er allerdings nicht viel Erfahrung. Also, Zimmermann nahm die Einladung freudig an und saß etliche Abende an. Eines Abends, als er vom Ansitz zurück auf die Kohlhütte kam, erzählte er aufgeregt, daß er bei beginnender Dämmerung geglaubt habe, eine Sau vor sich im Hafer zu haben. Aber plötzlich habe das Tier den Kopf aufgeworfen und mit dem Schwanz gewakkelt. Ein Esel ginge im Hafer. Und er, Zimmermann, hätte um ein Haar Jagd auf einen Esel gemacht. Nun, wir wußten, daß die Neuhöfer einen Esel in der Koppel hatten und daß er schon etliche Male ausgebrochen war, mitsamt den Kühen und Kälbern die unseren in der Nähe liegenden Wildacker schon etliche Male zu unserem Ärger abgegrast hatten. Und der benachbarte Jagdeigentümer, der Staat, hatte dem Herrn Butz schon einige Male Wildschaden bezahlt, obwohl er von dessen eigenen Kühen verursacht worden war. Herr Butz versteht es sehr gut oder versucht es zumindest, eine möglichst hohe Summe herauszuschlagen. So gibt er an, daß er Supergetreideerträge erntet, wie sie sonst in der ganzen

Gegend nicht vorkommen und sie auch noch zu Spitzenpreisen losschlägt. Es gibt stets ein langes Hin und Her bei den Verhandlungen bis wir uns einig sind. Damit die liebe Seele ihren Frieden hatte, haben wir oftmals mehr Wildschaden bezahlt als wirklich entstanden war. So blieb es auch jetzt nicht aus, daß Butz Wildschaden in seinem Hafer anmeldete. Es war kurz vor dem Mähdrusch. Wir vereinbarten einen Termin und baten den landwirtschaftlichen Sachverständigen der Landwirtschaftskammer, Herrn Dr. Kossebau aus Göllheim, hinzu. Butz zeigte mit betrübter Miene sein durchfurchtes Haferfeld, und wir Jäger bestritten, daß der Schaden allein von den Sauen verursacht worden war, sondern auch von seinem Esel und den Kälbern. Wieder wurde hin und her diskutiert, bis Kossebau einen frischen Pferdeapfel sah, ihn aufhob, untersuchte und zu Butz sagte, daß es ganz zweifelsfrei sei, daß nicht nur die Sauen, sondern auch ein Esel und die Kühe großen Anteil am Schaden gehabt hätten. Wir einigten uns dann sehr rasch auf einen Bruchteil der vorher geforderten Summe und gingen unserer Wege.

Auf der Heimfahrt ging mir ständig der Pferdeapfel in Kossebau's Hand durch den Sinn; denn der hatte sehr viel Ähnlichkeit mit der Losung von Sauen gehabt. Leider hatte ich meinen Vater, Herrn Orb und Hartmann nicht befragt, aber sie hatten den „Pferdeapfel“ ja auch gesehen. Um alle Zweifel zu beheben, wollte ich mich abends an diesen Acker ansetzen, um bestätigt zu bekommen, ob immer noch Sauen im Hafer wären. Wer beschreibt mein Erstaunen, als ich am Haferfeld ankomme und sehe, daß Vater ansitzt, Orb ansitzt und Hartmann auch? Und die Sauen kamen tatsächlich an diesem Abend, aber keine fiel dieses Mal. Es war also sonnenklar, daß wir Jäger alle den Pferdeapfel als Wildsaulosung erkannt hatten, nur der Sachverständige nicht. Keiner hatte dem anderen etwas gesagt sondern gedachte, sich abends anzusetzen. Wir gingen anschließend nach dem Ansitz zur Kohlhütte, beredeten die ganze Angelegenheit und amüsierten uns köstlich!

Waidmannsdank an Hans Mohr

Stets freute ich mich, wenn ich eine Jagdeinladung meines Freundes Hans Mohr aus Paderborn in sein Revier, die Molmsche, erhielt oder gar in den benachbarten Ringelstein. Hans Mohr hat lange Zeit mit meinem Vater zusammen in einem russischen Kriegsgefangenlager in Jelabuga zugebracht. Die Kameradschaft dieser Männer, zu denen der gesamte sogenannte Block 6 gehörte, überdauerte die schwere Zeit in Rußland und hält noch heute diese Männer zusammen. Aber die Reihen der Kriegsgeneration lichten sich. Auch Hans Mohr ist nicht mehr unter uns. Ihm möchte ich die folgende Geschichte widmen:

Wann immer es mir meine Zeit erlaubt, nehme ich die Jagdeinladungen von Hans Mohr an. Die Molmsche und der Ringelstein liegen im nördlichen Sauerland, zwanzig Kilometer etwa südlich von Paderborn. Trotz der unmittelbaren Nähe des übervölkerten Ruhrgebietes ist der Landstrich, in dem die Reviere liegen, nur dünn besiedelt.

Was mich immer wieder fasziniert, ist der herbe Reiz dieser Landschaft. Hier erheben sich breit ausladende, stark hervortretende Bergrücken mit ausgedehnten Waldungen, großen Plateaus, tief eingeschnittene, vielfach gewundene, lauschige Wiesentäler mit wasserreichen Bächen, wie die Alme oder Nette. – Und da gibt es Wild: Es ist jede Tierart vertreten, die man

gemeinhin der einheimischen Wildbahn zuordnet. Seit einiger Zeit ist auch der Waschbär zugewandert, wie ich an den Spuren feststellen konnte.

Gleich der Landschaft, so möchte ich meinen, sind auch die westfälischen Menschen: wortkarg, kühler, abwartend und stolz. – Nicht so wie wir sind – quirrlig, gesprächig und temperamentvoll. – Ich hab sie lieb gewonnen und schätzen gelernt, den Förster Nölting mit seinen Terrierhunden zum Beispiel, den liebenswerten Förster Schwentger, oder Förster Laube mit seiner trockenen Art. Nicht zu vergessen den Haumeister Becker aus Hardt, der das „r" so schön rollt, wenn er spricht. Er führte stets die Treiberwehr an. Leider lebt dieser Mann auch schon nicht mehr. – Wenn es „offiziell" wird, dann wird dieser Menschenschlag still, als könnten sie nicht bis auf drei zählen. Dann, spätestens, fallen immer die munteren Rheinhessen auf.

Die Jagden um Büren sind für mich immer ein großes Erlebnis. Alles ist bis ins Kleinste hervorragend organisiert und die Jagden sind bestens geleitet. – Bei jedem Jagdbesuch, bei jeder Teilnahme hatte ich großartigen Anblick, sehr oft auch Waidmannsheil. –

Es war am 14. Januar 1984, als ich wieder einmal zu Gast bei Hans Mohr war und bei geringem Frost und leichtem Schnee meinen Stand auf der Gesellschaftsjagd bezogen hatte. Die Terrier gifteten zornig in der Dickung und bald schon fielen die ersten Schüsse auf der mir gegenüberliegenden Hangseite. Es schien, daß wohl das Wild bei mir nicht rauswollte. Nach einer geraumen Weile hörte ich vor mir hinter dichten schneebehangenen Buchenrauschen das zornige Gekläff mehrerer Hunde. Das Geräusch näherte sich. Zum Vorschein kam eine einzelne Sau, die sich der Hunde erwehrte, die ständig an ihr rumzerrten und sie in Atem hielt. Als eben die drei Terrier am Pürzel der Sau hingen und das Haupt frei war, schoß ich stehend freihändig und hatte Waidmannsheil.

Ja, und dann sitzt man abends nach der Jagd, beim letzten Treiben, dem Schüsseltreiben im Gasthof Atorf und alle vertilgen mit Heißhunger und Genuß den allda geliebten — für mich jedoch aber den fürchterlichen — Grünkohl mit Pinkel, eine in viel Fett schwimmende Bratwurst mit Grünkohl und Salzkartoffeln. Allein der Anblick schon, kann bei mir den Magen umdrehen, sodaß ich mit großzügiger Erlaubnis des Jagdherrn, etwas Genießbareres bestellen darf.

Da sitzen nun die Jäger und Treiber und mampfen. Dann bestellen sie Bier und Schnäpse, aber sagen tut niemand etwas: Nichts über den Tag, die Jagd, das Waidmannsheil, das man gehabt hatte. Da muß doch etwas gesagt werden, denke ich.

Ich klopfe an das Glas und erhebe mich, nachdem es in dem Raum still geworden ist. Ich beginne umständlich, in ungelenken Worten, so als könne ich mich nicht richtig artikulieren: „Ich komme — aus Rheinhessen — wie Sie vielleicht mittlerweile festgestellt haben! — Und dort lebt ein Menschenschlag — der ist — verschlossen und — wortkarg!“ Einer der Jäger kichert.

„Aber Dank sagen — für heute — gehört sich doch — Ich will es tun!“

Ich lege eine kleine Pause ein, lasse meine Augen zur Decke schweifen, so, als überlege ich, was ich nunmehr sagen müßte und beginne endlich mit tiefer, langsamer Stimme, die dann etwas an Höhe gewinnt:

„Lieber Hans! ... Es war ein schöner Jagdtag!“ Wieder eine kleine Pause, und wieder, als überlege ich, was ich weiter sagen wollte. Ich fahre fort in verhaltenem Enthusiasmus:

„Lieber Hans! . . . Es war ein s c h ö n e r Jagdtag!“ Ob dieser enormen Aussage, falle ich förmlich in mich zusammen, schaue unter mich. Mein Gesicht bekommt dann einen Ausdruck, als ob ich eine kollosale Erkenntnis gewonnen hätte und sage, während aller Augen gespannt zu mir hinschauen, mit einem bestimmten Tonfall und gepreßt:

„Lieber Hans! . . . Es w a r ein schön—er Jagdtag!“

Mit großen Augen hatten die Jäger erwartungsvoll zu mir

herübergesehen und den Worten gelauscht. Es entstand eine kleine Pause. Die Jäger wußten nicht, ob ich nun mit der Dankesrede am Ende war oder nicht. Da ergriff ich mein Glas, schaute die Jäger, dann den Freund besonders lange an und sagte verlegen:

„Waidmannsheil . . ." – etwas leiser, „. . . Waidmannsheil!"

Aber dann brach sogleich darauf das Gelächter und das Getöse los. So eine Dankesrede hatten sie wahrscheinlich noch nicht gehört. – Was soll ich sagen: Der Abend war gerettet und es wurde noch sehr, sehr lustig.

Hans Mohr kann mir das leider nicht mehr bestätigen, aber sein Jagdfreund, der heutige Vorsitzende des Disziplinarausschusses im westfälischen Landesjagdverband, Regierungsdirektor a. D. Hans Becker aus Paderborn: „Hans, – stimmts?"

Der Jagdunfall

Das war auf der Buß- und Bettagjagd 1970 bei meinen Nachbarn in Kirchheimbolanden. Es war ein trüber, grauer, regnerischer, trostloser Tag, damals. Schon morgens war es so, als ich zur Kohlhütte fuhr, um Vater zur Jagd abzuholen. Wir wollten gemeinsam zu den Nachbarn. Aber Opa war gesundheitlich nicht ganz auf der Höhe und konnte sich nicht recht entschließen, ob er nun fahren sollte oder nicht, zumal seine Frau, unsere Stiefoma, ihm dringend abriet, auf die Jagd zu gehen. Es dauerte eine Weile, bis er mir sagte, daß er ja im Rothenkircher füttern müßte, ich solle mal allein fahren.

Es regnete immer stärker, als ich am Steinbühl, an der Straße Haide-Orbis ankam. Das erste Treiben war mittlerweile schon gelaufen und das zweite war in Gang. Ich hielt mit meinem eben

erst ausgelieferten neuen Opel-Caravan am Wildwagen der Jagdgesellschaft. Der gehörte Herrn Stilgenbauer. Herbert Hartmann, Walter Müller und Ludwig Walter hielten sich dort auf, als Otto Boos aus Mauchenheim rief, gerade als die Treiber den Berg herauftrieben: „Bei dem Regen laufen die Fasanen alle weg, die stehen nicht auf!“ Da ging Walter Müller rufend und laut mit den Händen klatschend den Treibern entgegen und siehe da, wir hörten, wie etliche Fasanen sich doch entschlossen, wegzufliegen, hinwegzustreichen. Da fegte uns ein Schrotschuß von rechts seine Schrote über, daß es nur so prasselte am Blech des Autos von Stilgenbauer. Instinktiv suchten wir Deckung, während Hartmann fluchend rief, was für ein A---loch die Schützenlinie beschoß! Als wir in die Richtung schauten, aus der der Schuß kam, sahen wir gerade noch, wie ein Jäger zu Boden fiel. Sofort eilten wir hin, ich griff noch meinen Verbandskasten. Da lag der Bäcker Lind aus Dannenfels regungslos, und auf seiner rechten Gesichtshälfte hatte er ein gutes Dutzend blau-rötliche Punkte, Schrotkörner. Hartmann beugte sich über Herrn Lind und klopfte ihm rechts und links auf die Wangen, wie wenn er ihn ohrfeigte. Da kam Lind so langsam wieder zu sich und erholte sich von dem Schock. Sein Nachbar, ein alter pensionierter Polizeipräsident, der in Kirchheimbolanden Verwandte um eine Jagdeinladung gebeten hatte, war beim In-Anschlaggehen auf die aufstehenden Fasanen an den Abzug geraten und hatte den Bäcker Lind auf ganz kurze Entfernung angebleit, so daß er durch den Schock in den nassen, aufgeweichten Boden fiel. Lind – noch etwas benommen – mußte sofort ins Krankenhaus. Ich stellte meinen Wagen zur Verfügung und lud den Unglücksschützen und den Jagdleiter Walter Müller mit ins Auto, und wir fuhren, so schnell wir konnten, ins nahe Kreiskrankenhaus nach Kirchheimbolanden. Dr. Stich nahm sich den Patienten sofort vor, brachte ihn in den OP, während wir ungeduldig warteten; denn der Mann hatte zweifelsohne eine schwere Verletzung, auch wenn er schon nach kurzer Zeit wieder zu sich gekommen war. Endlich kam Dr. Stich zu uns und sagte, daß der Patient außer Lebensgefahr sei, aber im Krankenhaus bleiben müßte. Erleichtert atmeten wir auf. Da wurde unser Polizeipräsident blaß und blässer und fiel in Ohnmacht. Das war alles doch etwas zu viel für einen ergrauten Beamten. Jetzt mußte Dr. Stich den Unglücksschützen verarzten und auch ihm ein Zimmer zuweisen. Walter Müller, ein alter Pensionatskamerad von mir aus den Weierhöfer Tagen und ich, schauten uns an und wollten gerade wieder zu unserer Jagdgesellschaft fahren, als mir einfiel: „Mensch, Walter, das war ja ein Unfall, du mußt die Polizei rufen und die Sache aufnehmen lassen." „Tatsächlich, du hast recht", sagte er und rief die Polizei an. Es dauerte einige Zeit bis ein Beamter kam und Walter Müller, mich und Dr. Stich vernommen und das Protokoll gleich mit Schreibmaschine getippt hatte. Jetzt wollten wir aber zu den anderen. „Nein", sagte Walter, „wir wollen doch noch Herrn Linds Auto nach Hause fahren und seiner Frau Bescheid sagen". Tatsächlich, auch das hätte ich beinahe vergessen! Walter fuhr das Auto und ich hinterher, um ihn nachher wieder mitzunehmen. Frau Lind in Dannenfels ist eine couragierte Frau, die kurz fragte: „Schlimm? Lebt er? Gut! Hat er dem Doktor gesagt, daß er Zucker hat?" Das wußten wir nicht. Also fuhren wir wieder hin, um es Dr. Stich zu sagen, aber der wußte es schon vom Patienten. Jetzt hatten wir, glaube ich, alles getan, was getan werden mußte und fuhren, da es mittlerweile Spätnachmittag geworden war, zur Ochsenwiese, wo mittags die Suppe gereicht wurde und der Glühwein. Dort aßen wir noch einen Teller Suppe, berichteten dem älteren Herrn Schabler, der nicht mehr mitjagte, sondern die Erbsensuppe bewachte, was wir veranlaßt hatten und machten uns auf den Weg, um die anderen zu suchen. W. Müller wußte den Weg. Wir stießen zu ihnen, als gerade das letzte Treiben angestellt wurde. Hier traf ich auch meinen Jagdscheinanwärter Müller aus Wachenheim wieder, der mich gebeten hatte, daß ich ihn mal zur Waldtreibjagd mitnehmen solle. Er hatte als Treiber an der Jagd teilgenommen, mich aber den ganzen Tag über noch nicht gesehen. Nun stand er neben mir als Gewehrträger, denn ich hatte noch nicht meinen Drilling und war deshalb mit meiner Doppelflinte und der Mauser angetreten. Müller hielt jeweils das nicht benötigte Gewehr. Wir standen in einem Eichenstangenholz, vor uns lief eine Fichtendickung nach links aus und man konnte zwischen den Stämmchen hindurch in ca. achtzig Meter Entfernung den Nachbarn sitzen sehen, der etwas tiefer in einem Hohlweg saß, so daß nur der Kopf zu sehen war. Ich machte ihm ein Zeichen, aber wie mir schien, sah er mich nicht. Das Treiben begann und lief von mir aus nach rechts. Die Aussicht, daß hier etwas vorkommen könnte, schien gering. So stand ich mit Müller, dem Jungjäger, zusammen und unterhielt mich leise mit ihm. Die Treiber mußten bald durch sein, ganz weit rechts schoß es ein-, zweimal, sonst Ruhe. Da gewahrte ich vor mir auf sechzig Gänge unter den Fichtenstämmchen hindurch eine einzelne schwache Sau von rechts nach links. Auch mein Nachbar hatte sie wahrgenommen und ging mit seinem Gewehr in Anschlag. Ich dachte: ‚Da kannst du doch nicht reinschießen, man sieht ja nur die Läufe', während ich meine Mauser einstach. Der andere fuhr mit, schoß aber einfach nicht. Jetzt war die Sau genau zwischen ihm und uns. ‚Um Gottes Willen, der wird doch jetzt nicht schießen!', fürchtete ich, als laut und deutlich sein Schlagbolzen „knack" machte. Der Schreck und die Freude, Glück gehabt zu haben, lösten sich; denn die Sau hatte das metallische Geräusch gehört, bekam mehr Fahrt und kam auf ca. siebzig Meter links von mir und Müller aus den Fichten. Ich fuhr mit und schoß, als ich sie frei hatte. Aber die Sau flüchtete im selben Tempo weiter den Hang hinauf und war nach wenigen Metern in einem Hohlweg verschwunden. Müller meinte, ich hätte wohl vorbeigeschossen. Ich erwiderte, daß ich Blatt abgekommen sei, daß man aber nie ganz sicher sein könnte. Da kam ein Hund auf die Saufährte, lief mit tiefer Nase bis zum Anschuß und machte kehrt und verschwand wieder im Wald. ‚Nanu', dachte ich, ‚was soll denn das bedeuten?' Und da blies es ab. Die Schritte zählend gingen wir zum Anschuß

und untersuchten ihn. Schußzeichen waren nicht zu sehen, als mein Nachbarschütze von unten heraufrief: „Haben Sie geschossen?“ „Ja“, sagte ich. „Haben Sie getroffen?“ rief er weiter, als mein Blick nach links in den Hohlweg ging. Dort lag die Sau und der Hund war dran. „Ja“, rief ich zurück, „dort oben liegt sie.“ Jetzt staunte aber mein Jungjäger. Der besagte Nachbar kam heran, gratulierte und sagte, daß er auch versucht habe, die Sau zu beschießen, aber seine Patrone sei nicht losgegangen. Da habe ich dem Manne mal erzählt, was er für einen bodenlosen Leichtsinn begangen hätte, weil er sich nicht mit mir verständigt hatte und dann noch versucht hätte, ins Treiben zu schießen. Sehr leicht hätte ich das Opfer eines zweiten Jagdunfalles an diesem Tage werden können. Er wurde blaß. Dann mußte der Jungjäger unter meiner Anleitung die Sau aufbrechen, ein achtzig Pfund schweres Überläuferkeilerchen, als Hartmann schon anfuhr, mir gratulierte und sagte, daß ich die einzige Sau des Tages erlegt hätte und somit Jagdkönig sei. Ich freute mich natürlich riesig darüber, daß es nach der Erste-Hilfe-Leistung am Vormittag, dem Glück, selbst einem Unfall entgangen zu sein, ausgerechnet mir vergönnt war, die einzige Sau des Tages zu strecken. Das wurde selbstredend fürchterlich naß gemacht bei Burkhard, unserer Gaststätte auf der Haide. Und wir hielten auch sehr lange aus. Zum Schluß waren wir nur noch knapp ein Dutzend Jäger, der harte Kern. Wir trafen uns an der Theke und ich spendierte Sekt, bis wir regelrecht satt waren.

Vater und der Wolf

Was unter dem Wort Jägerlatein zu verstehen ist, weiß auch der Außenstehende, der Jagd und Jäger weniger kennt. – Um ehrlich zu sein, muß ich sagen, daß die Jäger in unserer Familie es nicht lieben, von Dingen zu reden, die nicht stimmen oder aber mächtig übertrieben dargestellt werden. Eher ist das Gegenteil der Fall. Trotzdem sticht uns hin und wieder mal der Hafer und dann passiert etwa Folgendes:

Wanderer begegneten meinem Vater im Walde und hatten auch sogleich eine Menge Fragen an den Jäger, z.B.: „Was für wilde Tierarten leben bei Ihnen hier im Walde?“ Worauf Vater mit unbewegtem Gesichte aufzählte: „Hasen, Füchse, Dachse, Rehe, Wildschweine . . . und Wölfe!“

Erschreckt und ängstlich wollten die Wanderfreunde wissen, ob die Wölfe gefährlich seien und ob er schon einen bekommen hätte? „Natürlich“, fuhr Vater fort, „habe ich schon öfters einen Wolf bekommen und der beißt fürchterlich ... Sie schützen sich aber am besten vor dem Wolf, wenn Sie sich nicht erhitzt auf einen kalten Stein setzen!!“

Treibjagd auf Hasen in Flomborn/Esselborn

Flomborn und Esselborn, im Rheinhessischen gelegen, waren zwei gemeinschaftliche Jagdbezirke, deren Pächter sich schon vor fünfzig Jahren zusammentaten, um beide Reviere gemeinsam zu bewirtschaften: 1500 ha groß und bester warmer Lößlehmboden auf kalkigem Untergrund. Drei Viertel der Reviere liegen im Westen, Richtung Pfalz, mit Blick auf den Donnersberg auf einer Hochebene, etwa 240 Meter über dem Meeresspiegel. Östlich davon fällt das Gelände wellenförmig ab und ist mit Weinbergen bestanden. Die Hochebene ist landwirtschaftlich-ackerbaulich genutzt und ideal für Hasen und Rebhühner. Mit dem Einbruch der Maschinen in die Landwirtschaft gingen die Rebhühner im Laufe der Jahre immer mehr zurück und bilden heute keinen nennenswerten Bestand mehr, ja sie sind regelrecht davon bedroht, auszusterben, während vor sechzig, siebzig Jahren mein Großvater allein am Tage bis zu sechzig Hühner erlegen konnte. Die Hasen haben sich Ende der sechziger und anfangs der siebziger Jahre ganz enorm entwickelt. Vierzehn Tage vor Weihnachten hielten wir stets unsere große Feldtreibjagd ab. Sie wurde ganz exakt geplant. Eine genaue Anzahl von Schützen, Treibern, Hunden, Jagdhornbläsern, oftmals unterstützt mit farbigen Signalpatronen, Ackerwagen für den Schützentransport und für die Hasen wurde festgelegt. Nicht zu vergessen, das Lokal „Storchennest“, von wo aus man loszog und wo man sich hinterher wieder traf. Jeder Jäger unserer Gesellschaft übernahm eine bestimmte Aufgabe, damit alles reibungslos klappen sollte. So

waren diese großen Feldjagden immer ein Ereignis für den, der zum ersten Male mit uns jagte. Einhundert Patronen reichten oftmals nicht aus.

Hans Mohr aus Paderborn, etwas älter als ich, war schon lange Zeit dabei. Seitdem besuchte ich stets seine Jagden, und eines schönen Tages erkundigte sich einer seiner Jagdgäste bei ihm, wer ich wohl sei, wo ich herkäme, was es bei mir zu jagen gäbe und wie das bei uns so zuginge. Und hier gebe ich möglichst genau wieder, was Hans Mohr ihm geantwortet hat:

„Ja, Herr Stauffer ist Mitpächter eines Niederwildrevieres in der Nähe von Mainz. Hasen, Fasanen und Kaninchen gibts da hauptsächlich. Die machen das so: Für 9.00 Uhr wird eingeladen. Da treffen sich die Jäger in einer Kneipe und dann fangen sie erst mal an zu essen: Bratwurst, Schnitzel und Rumpsteak und sie trinken Wein. Um 10.00 Uhr sitzen die immer noch, auch um 11.00 Uhr ist man noch in gemütlicher Runde. Keiner sagt etwas von der Jagd. Um 11.30 Uhr werden sie dann unruhig, sagen, daß es bald losgeht. Dann begrüßen sie sich, sagen, wie es läuft, und los geht's. Die Jäger und Treiber werden auf Gummiackerwagen gesetzt, die in verschiedene Richtungen losfahren. Es werden drei riesige Kessel gebildet und überall schießt es. Um 16.30 Uhr sitzen sie schon wieder in der Kneipe, essen und trinken und freuen sich, welch herrlicher Tag es gewesen ist." Da fragt der andere: „Und was haben sie geschossen?" Antwort: „700 Hasen." Dem Fragenden fiel der Unterkiefer runter und er starrte mich entgeistert an. ‚Mensch', dachte ich, ‚erzähl nicht so viel!!!'

Inzwischen sind auch die Hasenbesätze sehr zurückgegangen, so daß wir keine Gesellschaftsjagden mehr im früheren Stil abhalten!

Der unwiderstehliche Bringwille

Rudolf Raspe hatte zur Treibjagd in sein Revier Winterborn bei Rokkenhausen im Donnersbergkreis eingeladen.

Da gibt es Dickungen im Wald, wo gerne die Sauen stecken und es gibt viele Gehölze und Hecken inmitten der Feldmark, wo sich Has, Fuchs und Fasan aufhalten.

Ich weiß nicht mehr, ob Sauen damals in der Dickung steckten, ich weiß nur, daß wir nach den Dickungen die Dornen und Hecken durchstöberten. Sie liegen alle auf den Hängen rund über dem Dorf.

Gerade stöberten die Hunde solch ein Gehölz, das wir umstellt hatten, als ein Fasanenhahn aufstieg.

Jagdkamerad Heiner Korfmann, Jäger, Vorstandsmitglied im Kreisbauernverband und Maschinenring, wie Rudolf Raspe, ein alter Weggefährte, schwang seine Waffe hoch und beschoß den Gockelhahn, der zeichnete und geflügelt mitten im Dorf niederging. –

Sofort schnallte er seinen Kurzhaar „Arko", der das Geschehen mit gutem Hundeinstinkt beobachtet hatte. Mit tiefer Nase sauste „Arko" los und verschwand alsbald im Dorf.

Es dauerte eine Weile, dann bekamen wir „Arko" wieder zu Gesicht, und er hatte seine Beute im Fang. – Wie groß aber war unser Erstaunen über seinen unbändigen Bringwillen, denn im Fang hielt er eine noch unversehrte, lebende und zahme Flugente.

Ende April 1991

Rudolf Madler aus Heßloch ist der derzeitige Kreisjagdmeistser im Landkreis Alzey-Worms und Stadtkreis Worms. Er war mein Stellvertreter, als ich Kreisjagdmeister war. Wir haben uns angefreundet und er versieht sein Amt mit viel Passion, Wissen, Engagement und Freude.

In dieser seiner Eigenschaft mußte ich mit ihm Ende April 91 reden.

Erna, seine Frau hob den Telefonhörer ab. In einer plötzlichen Laune hielt ich mir meine Nase zu, veränderte so meine Stimme und sagte zu ihr:

„Ei, guden Daach, Fraa Kreisjachtmaaschder ... ich meecht mich zur Jächerpriifung a-melde!"

„Aber guter Mann", sagte sie, „das geht nett ..."

Ich fiel ihr ins Wort und fragte nach:

„Warum geht das nett, ich muß mich doch beim Kreisjachtmaaschter a-melde ... und des will ich jetzt grad mache!".

Erna, jetzt etwas energischer:

„Ich muß Ihnen sagen, daß Sie den Anmeldetermin verpaßt haben, denn Anmeldeschluß ist der 31. März. Jetzt aber haben wir schon Ende April!"

Ich wieder: „Awwer bitte, liewe Fraa Madler, mache se doch bei mir emol e Ausnahm, – ich waß schun allerhand und kann aach schun schieße!"

Jetzt fällt sie mir ins Wort: „Nein, nein, mein lieber Mann, der Kreisjagdmeister, mein Mann, macht da keine Ausnahme"!

Ich freute mich diebisch, daß sie mich nicht erkannte:

„Awwer, awwer, Fraa Madler, wie kann mer nor so hart sein. Mich könnten ehr doch noch uffnehmme, ich bin aach arsch passioniert!"

Sie: „Jetzt gehen Sie mir aber langsam auf die Nerven, – warten Sie mal einen Augenblick, – ich ruf mal meinen Mann!"

Nach einer kurzen Pause höre ich in der Telefonmuschel den Freund, wie er kurz und knapp frägt:

„Wer ist am Apparat und um was geht es?"

Wieder sagte ich mit verstellter Stimme: „Guden daach, Herr Kreisjachtmaaschder, ich wolt mich zur Jächerprifung a-melde!"

Rudolf brauchte nur zwei, drei Sekunden Zeit, als er lachend lospolterte: „Du brauchst keine Jägerprüfung mehr zu mache, ich glaube, Du weißt schon alles. – Günther, was hast Du auf dem Herzen?"

Begrüßung der Jagdgäste im historischen Klosterhof von Rothenkirchen.

Waidmannsheil gehabt

Nach erfolgreichem Treiben: Staatssekretär Rudolf Maurer beim Glühwein.

Im hohen Donnersberg: von links VG.-Bgm: Appel, LJV-Vice Kurt Herr und Bauernpräsident Edgar Janson.

Eine ausnahmsweis stattliche Strecke 1990.

Die besonderen Leiden eines Forstbeamten

Julius Orb jun. hatte 1972 seine Jägerprüfung bestanden und das war Anlaß für Julius Orb sen., seinen Sohn der Jägerschaft von Westhofen, Kirchheimbolanden und Rothenkircher Forst vorzustellen und seinen Einstand zu feiern. Im großen Nebensaal der Gaststätte Burkhard auf der Haide versammelten wir uns. Mit eingeladen waren unser Forstdirektor Siebecker vom Forstamt Kirchheimbolanden, unser zuständiger oberster Forstbeamter, Vizepräsident und Kreisjagdmeister Kurt Herr und ein weiterer Forstbeamter. Herr Orb sen. hielt eine längere Ansprache. Er kam auf die unter Jägern unerläßliche Kameradschaft zu sprechen, die pflegliche Behandlung der Reviere und das gute Einvernehmen mit den jagdlichen und forstlichen Verwaltungen und das waidgerechte Verhalten der Jäger gegenüber dem Wild. Danach gab es einen herrlichen Spießbraten und eine Weinprobe von Orb'schen Weinen aus Westhofen. Das Mahl wurde unterbrochen von Tischreden, die vor allem in dem Wunsch gipfelten, daß der junge Orb, der junge Jäger, sich würdig einreihen möge in die große Jägerfamilie. Ich hatte den Reigen eröffnet, Kurt Herr und Siebecker schlossen sich an. Es wurde ein sehr schöner Jägerabend und für mich persönlich auch ein denkwürdiger; denn Kurt Herr, der mein Vater hätte sein können, er ist zwanzig Jahre älter als ich, bot mir, dem Freund und Jagdmeisterkollegen, das „Du" an, eine Auszeichnung, mit der er sonst sehr sparsam umging. Ich fühlte mich sehr geehrt und war glücklich darüber, mit diesem allseits geschätzten Mann auf der Ebene des persönlichen Du's verkehren zu dürfen. Für mich war er immer ein großer Jäger und Vorbild in der Führung seines Jagdverbandes, aber auch in der Behandlung heikler jagdlicher Fragen. Einen guten Rat gab er mir mit auf den Weg, den ich gern beherzigte: „Wenn du eine schwere Entscheidung zu treffen hast, denke daran, wie dein Vater an deiner Stelle entschieden hätte." Dieser Rat hat mir tatsächlich bislang sehr geholfen; denn mein Vater war zu seiner Zeit immer ein entscheidungsfreudiger, tatkräftiger und untadeliger Jägermeister gewesen. Auch später sagte Kurt Herr noch öfter, wenn wir jagdliche Entscheidungen besprachen: „Das hätte meinem Vater nicht gefallen" oder „Das habe ich von meinem Vater so gelernt."

Aber auch aus einem anderen Grund sollte mir dieser Abend unvergessen bleiben, einem Grund, den ich damals noch nicht ahnen konnte: Es war das letzte Mal, daß viele Jäger meinen Vater sahen; es war seine letzte Zusammenkunft im Jägerkreis. Vierzehn Tage später erlitt er einen weiteren Schlaganfall, von dem er sich nicht mehr erholte und sterben mußte.

Damals, als alle noch mächtig in Schwung waren und feierten, ließ er sich von Julius junior zur Kohlhütte fahren, da er – wie er sagte – nun vom Feiern genug hätte.

Langsam brach gegen Mitternacht so einer nach dem anderen auf, um nach Hause zu fahren. Aber es stand noch genug Sekt auf dem Tische und wir Jüngeren waren noch lange nicht müde. Wir rückten zusammen und unter uns saß auch der oben erwähnte Forstbeamte, der den Alkohol nicht zu scheuen brauchte, da er ja zu Fuß nach Hause gehen konnte. Er bräuchte nur drei Purzelbäume zu schlagen und sei daheim, pflegte er zu sagen, und das im Dialekt: Boorzelbääm. Überhaupt, der den ganzen Abend so stille und schweigsame Oberförster taute auf einmal auf, wurde gesprächig, fing an Witze – harten Tobak – zum Besten zu geben, daß die ganze Runde Tränen lachte und sich den Bauch hielt. Selbst die junge Wirtsfrau hielt sich diskret im Hintergrund auf, um einige Witze mitzuhören. So hatte sie ihren sonst so korrekten Forstbeamten noch nie erlebt! Doch auch diese Hochstimmung ging so langsam vorüber, Müdigkeit, Alkoholrausch und vielleicht etwas Katzenjammer breiteten sich aus. Und aus dieser schwermütigen Stimmung heraus – die Augenlider wurden schon etwas schwerer

– erzählte nun der Forstbeamte von seinem schweren Beruf. Wir saßen still und hörten zu:

„Ihr wißt ja nicht, wie schwer es ein Förster in seinem beruflichen Alltag hat! Ich will euch mal erzählen, wie so ein Tag aussehen kann. Man darf nie klagen, muß immer „Jawohl, Chef!" sagen, „Wird gemacht, Chef!", aber an unsere Persönlichkeit denkt nicht einer! Da mußt du morgens die Kulturdamen (Waldarbeiterinnen) einweisen, den Waldarbeitern sagen, was sie zu schaffen haben. Dann kommen unangemeldet Lastwagen, die Holz abholen wollen. Kaum habe ich die abgefertigt und will an meinen Schreibtisch, um die Leute aufzuschreiben und die Lohnlisten fertigmachen, da ruft es durchs Telefon – der Chef ist dran –, daß ich heut' nachmittag den Minister aus Määnz (Mainz) auf einen Hirsch führen müßte. Der soll einen guten Hirsch schießen, und ich wüßt' doch einen in meinem Bezirk. Herrgott, denk ich, wie schaffste denn das? Ich sage meiner Frau, daß ich keine Zeit hätte zum Mittagessen, denn der Minister käme, den solle ich auf einen Hirsch führen, aber zuerst mußte ich den Holzarbeitern ja noch Bäume anreißen, sonst hätten die morgen keine Arbeit und wüßten nicht, was sie schaffen sollten. Ja, und dann bin ich nur noch gesaust und geflitzt, damit ich rechtzeitig am Treffpunkt mit dem Minister war. Aber dort war niemand. Mit einer Stunde Verspätung kam ein schwerer Mercedes, aber nur der Fahrer saß im Wagen und sagte mir, daß der Minister Hunger gehabt hätte und noch schnell in Lautre (Kaiserslautern) etwas essen wolle. Herrgott, denk ich wieder, das können aber die Hirsche nicht wissen, daß der noch Hunger hat! Bestimmt versaut der mir den ganzen Ansitz! Es dauerte noch eine Stunde, dann kam der schwere Mercedes wieder und diesmal war der Minister drin. Damit es schneller geht – „denn es werd' ja schon so langsam dunkel" – sind wir, so weit es ging, bis an die Kanzel gefahren. Dem Fahrer hab ich gesagt, er muß still im Auto sitzen bleiben, darf nicht mit den Autotüren klappern und nicht das Radio einschalten. Aber was macht jetzt der Minister?

Der zieht sein Fernglas über und gibt *mir* die Büchse. *Ich* muß seine Büchse tragen! Ich ärgere mich ein bißchen. Erst kommen die so spät, dann kann man ihre Klamotten noch schleppen! Wir kommen zur Kanzel, und leise sage ich zum Minister, daß er still nach oben steigen soll, es wäre schon Leben in der Fichtendickung. Der Minister war gerade oben angekommen, als er auch schon nach vorne deutete. Ich stand noch auf halber Leiter und schaute in die Richtung. Tatsächlich, da steht auf keine Hundert Schritt der gute Hirsch und sichert zu uns herüber. Langsam und vorsichtig will ich dem Minister sein Gewehr nach oben bringen. Ich hatte es auch beinahe geschafft, aber das hat der Hirsch nicht mehr ausgehalten und ist abgesprungen. Mensch, hab ich mich aber da geärgert! Hast dich den ganzen Tag gesputet, hast den Hirsch nur für den Minister aufgehoben und morgen wirst du gefragt: „Sag mal, warum hat das gestern abend nicht geklappt mit dem Herrn Minister?“ Da muß ich ruhig sein, obwohl ich innerlich fuchsteufelswild bin. Ich kann doch nicht sagen: ‚Hätt des Arschloch sei Büchs selber getragen, hätt der auch sein Hirsch geschoß.‘“

Der weiße Hase

Im Winter 71/72 hatten wir in der Winkelbach und dem darüber liegenden Feld einen schneeweißen Hasen festgestellt. Vater sah ihn, Hartmann und ich auch. Gelegentlich sprachen wir über ihn und Vater meinte, er müsse geschossen werden, da er ein Albino sei. Hartmann riet ab, man solle ihn leben lassen und überhaupt brächte das Schießen und Vorkommen eines weißen Hasen Unglück. Ich halte zwar nichts von solchen Ammenmärchen – aber man weiß ja nie! – Schießen wollte ich ihn nicht. Keiner hat ihn geschossen, trotzdem war er auf einmal nicht mehr zu sehen. In diesem Jahr starb Vater. War der Hase ein Omen?

Am 11. 6. 77 saß ich an der Wiese am „Paradies" auf einem Hochsitz. Etwas weiter weg lärmten einige Jugendliche mit ihren Mofas auf dem Neuhöfer Sträßchen und schlugen danach mit Stöcken mutwillig auf die Blechbaracken des alten Steinbruchs ein, daß es nur so schepperte. Ich war ärgerlich über diesen Radau und überlegte mir gerade, ob ich weggehen sollte. Da sah ich auf 150 Meter etwas Weißes und sprach es als Katze an. Aber sie reagierte auf mein Mäuseln nicht, so daß ich mein großes Glas zur Hand nahm und zu meinem Schrecken feststellte, daß es ein grauweißer Hase war. Ich war ehrlich erschrocken, erinnerte mich an 1972 und fragte mich, ob es tatsächlich ein Unglücksbote ist. Obwohl ich den Gedanken immer wieder wegzuwischen versuchte, verfolgte mich der weiße Hase. Zwei Tage später verstarb der Bruder meiner Mutter. – War es das gewesen?

Diplomatenjagd in Rheinhessen 1972

Alljährlich finden für die in Bonn akkreditierten Diplomaten Jagden statt, die abwechselnd in jedem Bundesland stattfinden. Rheinland-Pfalz stellt hierfür, wenn es wieder an der Reihe ist, stets den Staatsforst im Soon zur Verfügung. Dort wird das Rotwild liebevoll gehegt, auch Schwarzwild ist da, jedoch weniger Niederwild. Es ist kein Wunder, wenn die Forstbeamten den Diplomatenjagdterminen sorgenvoll entgegensehen, weil sich die hohen Gäste auf dem Bonner Parkett besser zu Hause zu fühlen scheinen, als im engen Gestrüpp deutscher Jagd- und Schonzeiten. So konnte es schon passieren, daß auch einmal ein Stück auf der Strecke lag, was eigentlich nicht frei war. Aus diesem Grunde überlegten sich die federführenden Herren, ob man nicht einmal solch eine Jagd in das niederwildreiche rheinhessische Feld- und Weinbaugebiet verlegen könnte. Konsul Dr. Kalkhof-Rose, ein Freund unseres ehemaligen DJV- und LJV-Präsidenten Anheuser, stellte sein Revier Schornsheim, Udenheim und Gabsheim zur Verfügung. Obwohl ich mit den Vorbereitungen nicht befaßt war, freute ich mich sehr, als eines Tages die Einladung zu dieser Jagd vorlag. Da starb zwei Tage vor dem Jagdtermin mein Vater. Ich hing sehr an meinem alten Herrn und hatte deshalb in diesen Stunden keinen Gedanken an die Jagd verschwenden können. Alle Vorbereitungen zur Beerdigung und der Schreibkram lagen in meinen Händen. Da entschied meine Stiefmutter, daß die Beerdigung um zwei Tage verschoben werden sollte. Da alle Vorbereitungen abgeschlossen waren, und ich in meiner Eigenschaft als Kreisjagdmeister die Einladung mehr als Verpflichtung und Dienst ansah und mich auch etwas ablenken wollte, sagte ich im letzten Moment zu.

An den Empfang, der für die Gäste am Abend zuvor im Kurhaus in Bad Kreuznach gegeben wurde, habe ich nur eine schwache

Erinnerung. Gastgeber war der damalige Außenminister Scheel; Präsident Anheuser hielt eine Begrüßungsansprache und dann gab's ein vorzügliches Nachtessen. Anschließend setzte man sich in kleinen Gruppen zusammen und sprach von Gott-weiß-was und der Politik. Da machte ich mich aus dem Staube und fuhr nach Hause.

Am Jagdtag selbst schien die Sonne und es war nicht allzu kalt. Alles, was Rang und Namen hatte, war zur Stelle. Nach der Begrüßung rollte eine generalstabsmäßig geplante rheinhessische Treibjagd ab und es klappte alles prima. Mit Bussen fuhren die einzelnen Jägerpartien zum Ort des Anstellens. Das erste Treiben

begann, und nun konnten unsere Gäste eine ungeheure Fülle an Wild sehen und bejagen. Die Wilddichte erreichte in diesen Jahren bei fast allen Niederwildarten ihren höchsten Stand. Unsere Diplomaten rissen Mund und Augen auf, als die Fasanen zu Hunderten aufstanden und unter dem Feuer der Schützen davonstrichen. Überall in den Weinbergen flitzten die Kaninchen und verlangten einen schnellen Schuß, wenn man sie erlegen wollte. Und erst die Hasen – die vielen, vielen Hasen. Das hatten die Herren, die gewiß schon manches erlebt hatten, noch nicht gesehen und sie waren begeistert. Man hatte beinahe den Eindruck, man sei auf einem Kriegsschauplatz, so sehr ballerte es an allen Ecken und Enden. Ich war mitten drin. Meine Nachbarn – sie wechselten von Treiben zu Treiben – schossen, was sie konnten, mit wechselndem Glück, so daß ich jetzt aufpaßte, daß auch jedes beschossene Stück zur Strecke kam. „Schuhboy", so nannten seine Nachbarn Schulze-

Boysen, hatte seine liebe Mühe, all das Wild, das ihn anlief, zu bewältigen und er teilte dies auch den anderen laut zurufend mit: „... da kommen ja schon wieder Hasen und ich komme nicht mit dem Laden nach!" Dem Grafen von Finkenstein ging es nicht viel besser: Bauff, bauff! auf den schnellen Fasan – vorbei! Ich fuhr mit, schoß – und der Fasan fiel. Schuhboy beschoß einen Hasen vergebens – bei mir lag er. So ging's fast ständig. Sicher, die Herren trafen auch, aber ich betätigte mich als Aufräumer. Stets rief ich dem jeweiligen Schützen „Waidmannsheil" zu, obwohl das Stück von mir geschossen worden war. Ich hatte überhaupt einen guten Tag und traf meist mit dem ersten Schuß. Nach dem ersten Treiben erkundigte man sich freundlich, wer ich wohl sei, ich hätte toll geschossen. So bekam ich im zweiten Treiben all die etwas unsicheren Kandidaten an meine Seite, um ihnen im Bedarfsfalle auszuhelfen, wozu ich auch reichlich Gelegenheit hatte. Es war ein sehr schöner Tag, und man hatte einen guten Überblick über alle Treiben. Die Gäste beobachteten alles und waren begeistert. Sie bekamen sehr viel Wild zu sehen, und alle, alle kamen oft zum Schuß. Während der Mittagspause – das Mahl wurde in der Gemeindehalle in Schornsheim serviert – ging eine Sekretärin von Tisch zu Tisch und fragte, wieviel ein jeder erlegt hatte. Für mich hieß es da aufpassen; denn Jagdkönig sollte ja einer der Gäste werden und kein Einheimischer! Aber ich war schon mit sechsunddreißig Kreaturen beteiligt und meine Gruppe wußte das auch. Zufällig hörte ich, daß ein holländischer Diplomat zweiunddreißig Stück Wild erlegt hätte, da bat ich meine Gruppe, nichts zu sagen. Alles lachte und frozzelte, weil man der Meinung war, ich wolle mich vor der Verpflichtung als Jagdkönig drücken. Aber es war ja erst ein Zwischenergebnis und ich wollte mich nachher etwas zurückhalten, was mir allerdings nur sehr schwer gelang. Dennoch wurde der Holländer ein ehrlicher Jagdkönig, während meine Gruppe jedoch mir zuprostete. Ich legte aber den Zeigefinger auf den Mund, zum Zeichen, daß man still sein sollte.

Sauen fest

In der Nacht hatte es etwas geschneit und mein Bruder hatte die Aufgabe, zu kreisen. Gegen Mittag rief er zu Hause an: Sauen fest. Wir luden zur Drückjagd und versammelten uns am angegebenen Treffpunkt. Drei Sauen steckten in der oberen Kernbach in einer Fichtendickung. Wir umstellten den Schlag und zwei Mann gingen durch. Aber keine Sau wurde locker. Es wurde wieder zurückgetrieben, aber es kam wieder nichts. Da die Dickung nicht besonders groß war, und die Treiber ziemlich laut waren, konnte hier wohl auch keine Sau stecken. Herbert Hartmann ging mit meinem Bruder zum Einwechseln, um sich zu überzeugen. Tatsächlich, da standen die Fährten! Es waren aber trotzdem keine Sauen drin. „Wie erklärst du dir das?", fragte Hartmann meinen Bruder, der darauf antwortete: „Es kann gar nicht anders sein: die Sauen sind rückwärts ausgewechselt!"

Kennen Sie die Lösung?

Eine fast unglaubliche Geschichte

Man hängt uns Jägern ja gerne an, daß wir aufschneiden, ja lügen würden und zitiert dabei Fürst Bismarck, der gesagt haben soll, daß nie soviel gelogen werde, wie vor einer Wahl, in einem Krieg und nach einer Jagd. — Na, was ich jetzt erzähle, klingt wohl unglaublich und könnte Bismarcks Worte bestätigen, dennoch ist diese Geschichte wahr, so wahr mir Hubertus helfe, — und Otto Boos, der Ortsvorsitzende des Bauernvereins Mauchenheim und Jäger, kann sie bestätigen, — er ist meine Zeuge:

Es ist die Buß- und Bettagsjagd, — wie alljährlich, — im Nachbarrevier Kirchheimbolanden. Ich werde von Hans Frambach, dem Mitbeständer, am Weg abgestellt, der von der Breitstraße, hinter der Ochsenwiese, runterführt zum Winkelbach. Der Waldweg ist schmahl, kurvenreich und geht recht steil bergab, so daß ich nur meine beiden Nachbarschützen zur Rechten und Linken sehen kann. Vor mir ist dünnes Stangenholz und hinter mir Dornendickung. Weiter als 25 bis 30 Meter kann ich nicht sehen, — schwieriges Schußfeld, wie ich meine, und ich hätte mir einen besseren Schützenstand gewünscht. Lautlos verständige ich mich durch Handzeichen mit meinen Nachbarn und setze mich auf meinen Sitzstock und warte ab. — Mein linker Nachbarschütze ist Otto Boos.

Es hat angeblasen. Das Treiben beginnt. Die Treiber sind zu hören und bellende, jagende Hunde. Das Geschehen geht von mir weg und bald ist nichts mehr zu hören und es wird still um mich. Ich sitze gedankenverloren auf meinem Sitzstock, — döse, — als mich ein Geräusch aufhören läßt.

Es macht tapp, — tapp, — tapp —! Das ist kein Reh, kein Hund, kein Hase?!!!

Da kommt ganz langsam hinter einer kleinen Bodenwelle vor mir ein riesiger Keiler ganz langsam, ja, — fast vertraut, auf mich zu

– sieht mich und verhofft – keine 20 Meter vor mir, – und weiß scheinbar nicht, was er mit mir anfangen soll.

Ein uriger Watz, ein herrliches Tier steht vor mir, – ein kapitaler Keiler ist es, wie er im Buche steht, – schußgerecht, – ein einmaliger Anblick. Alle Einzelheiten kann ich erkennen an ihm. Nachdem ich mir die Sau einige Sekunden lang angeschaut habe, sage ich laut und eindringlich:

„„Watz, – was bist Du für eine herrliche starke Sau, aber ich darf Dich nicht schießen, denn der Schwarzwildring hat den Abschuß solcher starken Sauen untersagt. – Hau ab, – Du bist zu schwer!"

Es entsteht eine kleine Pause. Otto Boos schaut zu mir herauf und gewahrt den Keiler.

Ich wieder: „Kerl, – hau ab, – wir sind in einem Schwarzwildring und dürfen solch starke Keiler, wie Dich, nicht schießen! Hau ab!"

Doch immer noch steht der Keiler regungslos vor mir und sieht mich an. Ich kann es nicht fassen.

Da höre ich von unten den Nachbarschützen von Otto Boos, den ich aber nicht sehen kann, heraufrufen:

„Sag mal Otto, mit wem spricht denn eigentlich Herr Stauffer?"

Otto, ohne den Blick vom Keiler zu nehmen:

„Ei, – ei, – der spricht mit einem Keiler!!!"

Der Mann unter Otto Boos fällt in ein schallendes Gelächter. Da kommt hinter dem Keiler ein Deutsch-Drahthaarhund ins Blickfeld: Der Keiler setzt sich langsam in Bewegung und geht gemächlich zwischen Otto Boos und seinem Nachbarn auf dem Rückwechsel aus dem Treiben, während dem Fragesteller unter Boos das Lachen verging.

Mein Freund Herbert Hartmann würde jetzt sagen: Bitte seien Sie so gut und glauben Sie mir diese Geschichte, – sie ist wahr".

Das hätte schiefgehen können

Kurz bevor der kiesige Waldweg auf das Neuhöfer Feld mündet, parkte ich mein Auto hinter einer Kuppe in einem kleinen Kieskäutchen, knapp zwanzig Meter vom Waldrand entfernt. K. aus W., ein Jungjäger (Jagdscheinanwärter), hatte mich gebeten, ihn mitzunehmen, da sein Lehrherr kein Waldrevier besaß, damit er etwas „Erfahrung" in diesem sammeln könne. Er war mit einem Fernglas bewaffnet und jagdlich grün gekleidet. Ich wies ihn auf einen Hochsitz an den Neuhöfer Tannen ein, wo er Rehwild sehen konnte, wenn es vom Wald auf die Wiese austrat. Er sollte mir beschreiben, was er gesehen hatte. Ich saß keine fünfhundert Schritt von ihm entfernt an einer kleinen Blöße mitten im Wald, wo etliche Fege- und Plätzstellen auffielen, aber bislang noch kein entsprechender Bock bestätigt werden konnte. Wir hatten uns für Punkt 20.45 Uhr am Auto verabredet; denn es war der 18. Juli 74 und der nahe Weizen war in der Milchreife, und nach den gespürten Rutschen waren wohl nachts die Sauen drin. Also wollte ich mal hören, ob es schon um diese Uhrzeit da drinnen schmatzte. Ich war also pünktlich am Wagen und wartete auf den unpünktlichen Jungjäger. Da hörte ich unter mir im Stangenholz das Anwechseln von Sauen. Im trockenen Laub krachte es, und es bestand kein Zweifel darüber, daß die Sauen im Anmarsch waren. In Windeseile entledigte ich mich aller überflüssiger Kleidung und hastete die etwa dreihundert Meter raus ans Feld in Richtung Weizenschlag. Im Laufen lud ich meinen Drilling mit Kugel und Brenneke. Noch etwas außer Atem versuchte ich nun, genau abzuschätzen, wo die Sauen den Feldweg vom Wald zum Weizen überfallen würden. Es durfte nicht zu weit sein, da es schon ordentlich dämmerig geworden war. Zu nah sollte es aber auch nicht sein, sonst könnten sie mich bemerken. So ging ich leise zurück und dann wieder einige Schritte nach vorne. Der

Wind kam von Westen und stand mir im Gesicht. Das Rauschen der anwechselnden Sauen kam näher zum Weg. Ich hatte eine gute Chance; denn die Geräusche waren unmittelbar rechts vor mir. Entsichern, Stechen, und knieend ging ich in Anschlag. Und da kam ein schwarzer Butzen, ich fuhr leicht mit, drückte, es blitzte und ich kam gut ab. Das Stück lag auf dem Weg und verendete. Ich lud nach und wartete auf die anderen Sauen. Aber es blieb ruhig, es war tatsächlich nur ein einzelnes Stück, das solchen Lärm gemacht hatte. Ich hatte mich eben erhoben, um zum Stück zu gehen, als mich eine Stimme dicht hinter mir zusammenfahren ließ. Es war K., der, als er mich nicht am Auto traf, in der Gegend umhermarschierte, um mich zu finden. Er war im Augenblick, als ich schoß, keine fünfzehn Schritte hinter mir. Der Schreck über seinen plötzlichen unerwarteten Anruf und der Schreck über sein unverantwortliches Handeln ließen nun ein gewaltiges Donnerwetter meinerseits auf ihn niedergehen. Denn wäre die Sau nun hinter mir gekommen, so hätte er im Schußfeld gestanden! Wie leicht hätte ich ihn in der Dämmerung als Sau ansprechen und beschießen können! Es wurde ihm allmählich klar, welche Unvorsichtigkeit er begangen hatte, und in welcher Gefahr er sich befunden hatte.

Im Dunkeln mußte er nun die Sau aufbrechen. Sie war ein fünfunddreißig Kilogramm schweres Überläuferkeilerchen.

Im Gasthaus Frankeneck auf der Haide haben wir es später totgetrunken, wobei noch anzumerken wäre, daß er – nachdem er den guten Wein spürte – den Gästen die eben erlebte Story so erzählte, als ob er die Sau erlegt hätte. Als er dann noch das Wildpret beanspruchen wollte, platzte mir aber doch der Kragen. Ich setzte ihn ins Auto und schickte ihn nach Hause. Er hat die Jägerprüfung mit Erfolg bestanden.

Spaziergang um den Neuhöfer Weizen

Drei Wochen später, genau am 10. 8. 74, es war ein heißer, schwüler Sommertag, und seit Tagen kühlte es nachts nicht mehr richtig ab, sodaß man selbst dann keine Ruhe fand, schlug ich meiner Frau vor, vor dem Zubettegehen noch einen kleinen Spaziergang zu machen. Sie staunte nicht schlecht, als ich sie ins Auto setzte und die zwanzig Minuten zum „Rothenkircher" fuhr. In Flomborn war die Getreideernte schon vorüber, aber in dem höher gelegenen Revier stand noch alles auf dem Halm. Am Gut Neuhof stellte ich den Wagen ab und spazierte mit meiner Lieben, die ja ahnungslos war, erzählenderweise rings um den großen Weizenschlag, wo ich vor drei Wochen das Keilerchen geschossen hatte. Ab und zu hielt ich an und lauschte in den Weizen. Es war mittlerweile dunkel geworden und aus dem Wald strömte kühler Wind, und am dunklen Nachthimmel funkelten die Sterne. Es war wohltuend und erquickend. Während meine Frau und ich uns was erzählten, hörte ich plötzlich die Ähren zupfenden und kauenden Sauen. Auch meine Frau bekam es mit und hatte Verständnis dafür, daß wir nun zum Auto zurückkehrten und heimfuhren. Unterwegs brachte ich ihr schonend bei, daß ich in der Frühe bei Dunkelheit aufbrechen wollte, um an die Sauen ranzukommen. Jetzt wurde ihr klar, daß ich nicht nur Kühle und Erholung suchend in den Wald gefahren war, sondern vielmehr der Sauen im Weizen wegen. Aber sie war ja Kummer mit ihrem Jäger gewöhnt und ließ mich in aller Frühe ziehen.

Das Auto wurde wieder am Kieskäutchen, keine dreihundert Meter vom Weizen, abgestellt und mit Drilling und Glas ging die Frühpirsch los. Es war noch stockdunkel und die Sterne funkelten. Hell hob sich der Weizenschlag gegen den dunklen Wald ab. Leise rauschten die reifenden Ähren und überdeckten die leisen knirschenden Geräusche der Schuhsohlen. Ich ging unter Wind, lauschte und versuchte, mit dem Glas in diesem großen Acker etwas zu entdecken. Da war es wieder: das wohlklingende Geräusch schmatzender Sauen: Sie waren weiter oben am Hang. Ich mußte zurück und den Weg am Wald/Feldrand benutzen, genau, wie vor drei Wochen.

Sicher würden sie, wenn es hell werden wollte, an dieser Seite in den Wald wechseln. Oben angekommen, war es fast nicht möglich, etwas zu hören, da der Hang von meiner Seite leicht gewölbt abfiel, ohne daß man einen Einblick und Überblick haben konnte. Leicht erhellte sich nun der Himmel im Osten, bekam einen rötlichen Schimmer, und da hörte ich die Sauen vertraut brechend, schmatzend vom unteren Hang her zu mir hochziehen. Nun mußte ich Angst haben, ob die Lichtverhältnisse ausreichen würden für einen Schuß, denn es war immer noch recht duster, aber von Minute zu Minute wurde es besser – es ging ja in den neuen Tag. Links von mir war plötzlich ganz nahe ein Geräusch, so daß ich sofort einige Meter zurückschleichen mußte, um nicht in den Wind zu kommen. Da ging eine Sau vor mir über den Weg in den Wald – ganz vertraut. Blitzschnell war ich fertig: Eingestochen kniend wartete ich auf das nächste Stück. Da war es schon, auf etwa fünfzig Gänge trug ich die Kugel an, war gut Hochblatt abgekommen. Im Feuer stürzte das Stück zurück in den Weizen. Ich erhob mich, um es zu verfolgen, was aber nicht gelang, da nun, wie die wilde Jagd, etwa zwanzig Sauen durch den Weizen auf mich zustürmten, dem schützenden Walde zu. Es war ein eindrucksvolles Bild. Delphinen gleich tauchten die Schatten der Sauen bei ihren hohen Fluchten aus dem Weizen auf, um gleich wieder unterzutauchen und dann wieder sichtbar zu werden. Eiligst wechselte ich die Patrone, wurde aber nicht mehr fertig; denn rechts und links von mir prasselte die starke Rotte in das hohe Holz. Während das Rauschen der abziehenden Rotte schnell abklang, steckte ich mir eine Zigarette an, denn ich mußte abwarten, bis es ganz hell geworden war, um den

Anschuß untersuchen zu können. Noch wußte ich nicht mit Sicherheit, wie der Schuß getroffen hatte, und eine Nachsuche im hohen Weizen nach einer kranken aber noch mobilen Sau ist nicht gerade ungefährlich. Nach einer halben Stunde war es soweit. Auf dem harten Kiesboden waren deutlich die Eingriffe der Schalen zu sehen und einige Schnitthaare, aber kein Schweiß. Mit entsicherter Waffe, ohne Zielfernglas, ging ich jetzt vorsichtig, alles genau untersuchend, der Schleife in dem Weizenfeld nach. Wie durch ein Wunder, gleich einem Schweißhund, ohne jedoch Schweiß anzutreffen, schien ich die richtige Fährte zu halten, obwohl etliche „Verleitungsschleifen" die Fährte, die geradewegs talwärts führte, kreuzten. Nun fand ich plötzlich etwas Schweiß an weißgelben Ähren an der Ausschußseite. Es wurde mehr und mehr und nach etwa dreihundert Metern lag die Sau und war schon verendet: eine Überläuferbache, vierzig Kilogramm schwer, geschossen um 4.20 Uhr im Neuhöfer Weizen, mit, man höre und staune: vier ausgewachsenen Frischlingen in der Tracht, jetzt mitten im Hochsommer.

Weiterhin machte ich die Feststellung, daß das Stück einen alten verheilten Laufschuß hatte, der sicher hier die Rauschzeit um einige Monate hinausgeschoben hatte. Bei dem Gedanken, daß die Frischlinge mit etwa fünfzehn bis achtzehn Pfund Körpergewicht in den Winter gegangen wären, konnte man diesen Abschuß mit gutem Gewissen als Hegeabschuß bewerten; denn bei Notzeit wären sie nicht über den Winter gekommen.

Meine Heimkehr erfolgte gerade so rechtzeitig, so daß ich mit der Familie in der Morgenstunde frühstücken konnte, um nachher wieder der harten Arbeit auf dem Hofe nachzugehen. Die nächste Nacht schlief ich fest und traumlos, obwohl es wieder drückend schwül war.

Beim Rendezvous: von rechts: Kammerpräsident Edwin Steinhauer, „Pulver"-Jakob Beyer und Bauernpräsident H. Fischborn.

Nach dem Treiben mit Freund R. Raspe.

Delegierte des Kreises Alzey-Worms bei der LJV-Jahreshauptversammlung 1992, in Dahn/Pfalz: von rechts: W. Fröhlich, Kreisjagdmeister R. Madler, W. Kissel, G. Reis, M. Wolf, G. Stauffer, W. Bayer und Vorsitzender W. Fell-Rathmacher.

Jagdkamerad und langjähriger Weggefährte Edgar Hagenburger (†) Hettenleidelheim mit seinen Treibern bei einer Niederwildjagd in Flomborn.

Sauen in 1974

Das Stroh lag in Schwaden auf dem schon früher beschriebenen Feld, der Weizen war schon gedroschen. Ein Kontrollgang zeigte, daß die Sauen nunmehr jede Nacht nach den am Boden liegenden Weizenkolben suchten. Am 30. August fuhr ich zum Neuhof und stellte mein Auto an die Linde, vor dem Gutsgebäude. Heute war viel Betrieb. Da es wieder schwülwarm war, hatten sich alle Leute auf der Bank rund um die Linde versammelt und schwatzten. Natürlich wurde ich sofort gefragt, auf was ich heute zu jagen gedächte und wo das sei, und, und, und ... Männlein, Weiblein und die Kinder standen um mich herum und musterten meine Ausrüstung und fragten mir Löcher in den Bauch. Ich ließ mir Zeit, denn auf dem unteren Teil des Weizenschlages ging noch die Presse, die das Strohl aufsammelte und zu Ballen preßte. Solange die auf dem Acker herumfuhr, war an austretendes Wild nicht zu denken. Andererseits war es gut, einmal die Leute etwas an die Dinge heranzuführen, die sich um sie herum abspielten. Ich sagte ihnen, daß es sehr gefährlich sei, abends allein dort droben am Waldrand spazieren zu gehen; denn die Wildsauen, wenn sie Frischlinge führten, könnten recht unangenehm werden, wenn ihnen jemand in die Quere käme. So verging die Zeit. Als es duster wurde, stand der Mond schon vier Stunden am Himmel und dadurch wurde es wieder heller. Die Strohpresse fuhr auch schon in den Hof und so wurde es Zeit für mich, an die Weizenstoppeln zu gehen. Mitten im Acker baute ich mir aus

den Strohballen einen bequemen Sessel und davor eine Gewehrauflage, breitete meinen Mantel aus und setzte mich. Auf dem Rucksack lag mein Drilling, da die Strohgewehrauflage etwas zu niedrig war. Ein weiterer Ballen Stroh hätte die Auflage zu sehr erhöht. Die ersten Hasen hoppelten vom Walde her über das Feld und das erste Reh war auch schon da. Der Mond stand etwas verschwommen am Himmel, es war dunstig, aber nicht wolkig. Ich packte mein Butterbrot aus und öffnete eine mitgebrachte Flasche Bier, denn ich hatte Hunger und Durst. Schließlich bin ich Bauer und habe feste zu arbeiten von morgens bis abends. Die Zeit, um auf die Jagd zu gehen, muß man sich oftmals förmlich stehlen. So war ich denn sofort nach Feierabend und dem Kleiderwechsel, ohne etwas zu essen, losgefahren. Hier in dieser herrlichen Umgebung genoß ich die Natur und mein Abendbrot. Und während ich mampfte, stellte ich so meine Überlegungen an: ‚Kommen sie nun ganz links oben aus der Ecke, dann sitze ich falsch.‘ Wahrscheinlicher war es, daß sie in der Mitte des Feldes oder aber ganz rechts am Ackerende austreten würden, um dann gegen den Wind zu brechen – dann könnte es klappen! Aber was denkt man doch für ein dummes Zeug, denn ich sollte froh sein, wenn überhaupt eine Sau kam. Die Stoppeln strahlten im Mondlicht weiß und dahinter das dunkle Band des Waldes, das sich schwarz gegen den helleren Nachthimmel abhob. Der Westwind trug mir Gelächter und Wortfetzen des Völkchens zu, das sich noch immer vor dem Hofe auf der Bank aufhielt. Deutlich hörte ich, wie jemand sagte: „Der sieht doch nichts mehr! Wenn heute Stroh gepreßt wurde, kommt ganz bestimmt kein Wild!“ Ich lachte vor mich hin und besah mir die acht, neun Rehe vor mir, die ja die Leute nicht sehen konnten. Ein Transistorradio spielte, als ich vom Walde her das kurze Knacken eines Astes hörte und sah, daß die Rehe absprangen. Nun blickte ich ohne Unterlaß durch mein Hensoldt; denn das konnten nur Sauen sein! Und richtig, vor mir auf hundert Meter schob sich ein schwarzer Butzen von rechts nach links in den Acker. So lange ich auch noch die Fläche mit dem Glas bestrich, es kamen keine weiteren Sauen. Ein Keiler? Bestimmt! Aber sehr weit, und er ging noch von mir ab. Also den Kopf an das Zielfernrohr und so fuhr ich mit der brechenden Sau. Da verhoffte sie einen Augenblick, als auch schon die Kugel aus dem Lauf war. Nach dem Mündungsblitz herrschte Ruhe und nichts war mehr zu sehen. Mit dem Lauf fuhr ich langsam zum Waldrand hoch und merkte mir einen überstehenden Baum. Drüben am Hof wurde es unruhig: „Herr Stauffer hat geschossen, komm laß uns gucken!" „Nein, ihr habt doch gehört, das ist zu gefährlich!" – Sie standen also da und starrten rüber zu mir in das Stoppelfeld in der Hoffnung, etwas zu sehen. Ich nahm das Zielfernrohr ab und ging dann, die Schritte zählend, in Schußrichtung. Es könnten 120 Schritte gewesen sein, ich bin aber schon bei 140. Ich mußte feste schauen, denn zwischen Strohschwaden war es nicht gut sehen. Und da lag ein dunkler Butzen! Ich trat hin und stand vor einem vierjährigen Keiler mit sehr guten Waffen. Er hatte die Kugel Hochblatt und blieb auf dem Platze und war schon verendet, als ich hinkam. Im Beisein aller Hofbediensteten wurde die Sau aufgebrochen und verladen. Als Weinbauer habe ich stets einige Flaschen Wein dabei, die wir nun zusammen unter der Linde pichelten und so die Sau tottranken. Keine alltägliche Sache; denn was meine Jagdkameraden wissen, das mußte ich nun den Hofbewohnern erklären und sie fragten, fragten und waren sehr interessiert. Von dieser Zeit an haben mir schon manches Mal diese Leute gesagt: „Da müssen Sie hingehen, dort müssen Sie mal ansitzen, denn dort stehen Fährten, dort haben wir Sauen festgestellt!" Aber noch etwas anderes geschah an diesem Abend. Ehe ich zum Neuhof fuhr, hatte ich Hans Weil am Rothenkircher Weizen angesetzt, wo ich ebenfalls Sauen vermutete. Hans Weil war Polizeibeamter und meine Schreibkraft bei allen Jägerprüfungen. Er selbst war auch Jäger, sehr pflichtbewußt und akkurat. Bei ihm waren ebenfalls Rehe auf dem Feld, aber er baumte ab, als er meinen Schuß hörte. Ich schoß um 21.40 Uhr. Er sagte sich, weil doch vor ihm die Rehe stünden und ich geschossen hätte, könnten die Sauen nur bei mir sein. So setzte er sich in seinen Wagen und fuhr nach Hause. Da mein Stelldichein am Neuhof eine gute Stunde dauerte, dürfte es etwa 23.00 Uhr gewesen sein, als ich mit meinem Wagen am Rothenkircher Hof vorbeikam. Ich hielt an und schaute in dieser hellen Nacht die zwei Kilometer hinauf, dorthin, wo Hans Weil sitzen sollte. Und da war die Stoppel schwarz von Sauen. Es dürften etwa dreißig Sauen aller Größen gewesen sein. Guter Dinge fuhr ich weiter und dachte, daß Weil mit Sicherheit heute zu seiner ersten Sau käme. Am nächsten Morgen war Weil bei mir zu Hause und wollte wissen, warum ich geschossen hatte und staunte nicht schlecht, als er den Bassen sah. Als er mir dann erzählte, daß er daraufhin heimgefahren sei und hörte, daß kaum eine Stunde später die Sauen unter seinem Hochsitz waren, hat er sich sehr geärgert. Waidmannsheil und Waidmannspech, so dicht liegt das nebeneinander. Er hätte nur etwas Geduld haben müssen. Der gute Sommerkeiler hängt nun in meinem Jagdzimmer und erinnert mich stets an diesen herrlichen Abend.

Es war am 27. 9. 1974. Ich setzte Bruno Combe-Laboissiere, einen Brieffreund meines Sohnes Karl-Michael aus Frankreich, am Rothenkircher Weizen an. Die Stoppeln lagen immer noch. Ich muß noch folgendes vorausschicken: Bruno und Karl-Michael besuchten sich gegenseitig, um die Sprachen zu erlernen, im Rahmen des rheinland-pfälzischen Schüleraustausches. Wir hatten uns richtig angefreundet. Seine Familie hatte uns besucht, und wir hatten ein paar sehr nette Tage. Ganz selbstverständlich ging Bruno mit mir zum Ansitz und zeigte von Anfang an Interesse. So gingen wir auch etliche Male zum Schießstand der Kreisgruppe nach Morschheim, wenn ich KJM-Dienst hatte und den Jungjägern meines Jagdkreises das Schießen beibrachte. Bruno schoß wie ein kleiner Herrgott. Die Scheibe war kein Problem für ihn, und die Wurftauben fielen zu neunzig Prozent. Da gab ihm mein Vater mit der Hornet einen Jungfuchs frei. Wie staunten wir alle, als er noch bei guter Zeit auf der Kohlhütte ankam und seinen Fuchs hatte. Später stand er an meiner Seite, als ich eine gute Sau in voller Flucht anläßlich unserer winterlichen Treibjagd rollieren ließ. Alles, was nach Jagd und Jäger roch, interessierte ihn. So kam er jedes Jahr zwei-, dreimal und stets mit Freunden. Na, da war Leben im Hause, denn da waren ja auch noch meine Töchter. Bruno hatte seine Prüfung abgelegt und erhielt von der Behörde einen Ausländerjagdschein. Er hatte Semesterferien und war nach Allemagne geeilt und saß jetzt am Rothenkircher. Ich schoß an diesem Abend in Steinhäuser Brunnen aus einer Rotte von gleichgroßen Überläufern ein Keilerchen und hielt bei ihm absichtlich zwei Stunden lang die Totenwache, da ich noch keinen Schuß aus Brunos Richtung gehört hatte. Als es auf Mitternacht zuging, holte ich meinen jungen Freund ab, der mir nun sehr aufgeregt erzählte, daß schon bald nachdem er seinen Hochsitz bezogen hatte, etwa zwanzig Sauen aller Größen vor ihm auf Schußentfernung aus dem Walde auf das Feld ausgetreten waren, um in den Weizenstoppeln zu brechen. Da er aber nicht erkennen konnte, was von den stärkeren Stücken die Bachen bzw. die Keiler waren, unterließ er die Bejagung, denn er wollte unter keinen Umständen eine führende Bache schießen. Es waren aber sicherlich auch Keiler darunter gewesen und daher war die Versuchung so groß. Deshalb versuchte er fortwährend festzustellen, ob man Pinsel, Hauer beim Keiler oder aber Gesäuge bei den Bachen sehen konnte. Aber leider war es dafür zu dunkel. Schweren Herzens ließ er den Finger grad. Ich fragte ihn, warum er keinen Frischling gegriffen hätte, worauf er meinte, die seien noch zu schwach

gewesen. Ich lobte seine Einstellung, erklärte ihm den Begriff „waidgerecht", denn genauso hatte sich der junge Mann verhalten. Wer hätte das noch so getan? Einige Tage später, kurz vor seiner Abreise, führte ich ihn an ein schwaches Schmalreh heran, das er leider fehlte. Was ich zu diesem Zeitpunkt noch nicht wußte, war, daß mein Drilling nicht mehr genau schoß. Ich merkte es später, als ich selbst eine Geiß im Revier Flomborn fehlte und ebenso eine Katze. Am 29. November brachte ich den Drilling Willi Brehm nach Morschheim, damit er die Waffe wieder einschieße – und was ich dann erlebte, steht im folgenden Kapitel.

Die Pirsch am 29. November 1974

Im Herbst 1974 wäre ich zu gerne einmal in mein Revier, den Rothenkircher Forst zur Jagd gegangen, aber ich hatte keine Zeit, – hatte schlicht und einfach zu viel Arbeit im Betrieb. So einen Wunsch trägt man aber so lange mit sich herum, bis man es nicht mehr aushält, sich einen Ruck gibt und sich losreißt. Aber ich hatte mir augenscheinlich doch etwas zuviel vorgenommen:

Draußen stand der runde Mond. Nur ein paar dünne Wölkchen schwebten am Himmel vorüber. Es würde wahrscheinlich eine sehr helle Nacht werden.

Als ich mich zur Abfahrt richtete, fiel mir ein, daß mir Willi Brehm aus Morschheim angeboten hatte, meinen Drilling einzuschießen, mit dem ich in letzter Zeit nicht mehr genau getroffen hatte. Also griff ich noch nach der Merkel-Bocksbüchsflinte.

Ich war bereit zur Abfahrt, als mich meine Frau zurückhielt: „Du kannst noch nicht in den Wald fahren, denn Paula hat heut Geburtstag. Wir müssen ihr erst gratulieren!"

„Das muß aber schnell gehen, denn heut will ich in den Wald!" – Das war deutlich. So gingen meine Frau und ich zum Gratulieren. Paula bedrängte uns, daß wir zum Abendessen bleiben sollten. Zu jeder Zeit wäre mir und meiner Frau eine solche Einladung willkommen gewesen. Bei meiner Frau keimte die Hoffnung auf, daß ich zu Hause bleiben könnte, aber ein Blick genügte, um ihr klar zu machen, daß ich mich heute nicht zurückhalten ließe.

„Ich komme gerne," sagte sie deshalb, „aber mein Mann hat eine Verabredung und wird etwas später nachkommen." – Das war die Ausgangserlaubnis, – prima, mein Mädchen! Umgehend fuhr ich zu Willi Brehm und erklärte ihm, was es mit dem Drilling auf sich hätte und fuhr weiter ins Revier.

Jetzt, in diesem Augenblick fiel mir ein, daß die Kugelpatronen in meiner Tasche wohl für die „Bock“ paßten, nicht aber die Flintenlaufgeschosse, denn die hatten ein anderes Kaliber. „Verdammt“, fluchte ich in mich hinein, „jetzt hast Du nur eine Kugel dabei und sonst nichts!“

Zurückfahren wollte ich nicht mehr, denn das bringt Pech. – Pech, wie, wenn einem eine schwarze Katze von links nach rechts über den Weg läuft. – Solchen Vorboten des Pechs, des Unglücks wollte ich mich nicht aussetzen. Also fuhr ich weiter und dachte, es wird schon gut gehen!

An dem schon des öfteren genannten Kieskäutchen stellte ich meinen Caravan ab und ging vorsichtig den Waldweg rauf zum Neuhöfer Feld. Hier war vor kurzem ein Schlag mit Winterweizen eingesät worden und Willi Brehm hatte mir berichtet, daß Sauen hier zu Schaden gehen würden.

Ein kurzer Rundblick mit dem Hensold genügte in dieser hellen Nacht, und ich hatte sie entdeckt. Mein Herz hüpfte. – Sie brachen auf dem Acker links unter mir am Kohlhütter Graben, nahe am Waldrand. Es war eine größere Rotte.

„Was soll ich jetzt tun?“ fragte ich mich: Auf dem Feldweg, der zwischen Feld und Wald zum Graben runterführt, konnte ich nicht an sie herankommen. Sie würden mich unweigerlich bemerken, da ich hier keine Deckung hatte. Ich ging in den Wald zurück und umschlug im Wald die Sauen in einem großen Bogen. Vor die mitgeführte Taschenlampe hielt ich meinen Hut, damit kein Lichtstrahl seitlich fallen konnte. Ich hatte keine allzu große Hoffnung, an die Sauen heranzukommen, denn das Laub unter meinen Füßen raschelte ziemlich laut, und dürres Holz knackte ebenfalls. Doch als ich in die Nähe des Grabens kam, war das Laub feucht und nicht mehr so laut.

Vorsichtig, Schritt für Schritt, pirschte ich nun in lichtem Altholz längs des Grabens in Richtung Feld. – Ich war noch etwa hundert Meter vom Feldrand entfernt, als ich mein Glas hochnahm und nach vorne spähte. – Da waren sie! – Sie waren noch immer an der gleichen Stelle, an der ich sie vorhin entdeckt hatte: eine stärkere Sau, einige Überläufer und 'ne Menge Frischlinge. – Ich schaffte mich noch einige Meter näher ran, bis ich mich zum Schuß fertig machte. Ich ging in die Knie, legte auf und sah durch das Zielfernrohr: das starke Stück stand links, plötzlich zog ein Butzen aus den Baumstämmen und stand einen Augenblick frei. – Ich schoß. – Mit Carracho ging die gesamte Rotte nach links oben in die Neuhöfer Tannen, während die beschossene Sau nach rechts flüchtete, bis sie meinen Blicken entschwand.

Nach einer Weile, – der obligaten Zigarettenpause –, ging ich nach vorne aufs Feld und leuchtete mit der Taschenlampe nach dem Anschuß. Ich fand ihn sofort und konnte die deutlich sichtbare Schweißfährte etwa 80 Meter weit verfolgen und fand die Sau im kleinen Wassergraben, der zur Kohlhütte führt. – Ich versorgte das Stück, zog es runter an den Weg und holte das Auto.

Die Pirsch hatte nicht länger als eine knappe Stunde gedauert. – Froh gelaunt und pfeifend zur Radiomusik fuhr ich das Kriegsfelder Sträßchen runter in Richtung Rothenkircher Hof.

Da gingen vor mir im Licht der Autoscheinwerfer eine Bache, ein Überläufer und etliche Frischlinge über die Straße. Die Frischlinge waren noch gestreift, also keine vier Wochen alt. – Plötzlich kam mir der Gedanke, so einen kleinen „Frosch“ zu fangen, wie es eimal mein Vater in den dreißiger Jahren getan hatte. Nach einer Vollbremsung hielt mein Wagen, und bei laufendem Motor und brennenden Autolampen sauste ich hinter dem letzten Frischling her. Der Chausseegraben war gerade ausgeputzt worden, und dort saß der kleine Frischling drin und konnte die steile Böschung nicht erklimmen. Mit einem Sprung war ich im

Graben, faßte den kaum flaschendicken kleinen Watz und eilte zurück auf die Straße. –

Der Frischling fing sofort an laut zu quieken, und ich vernahm hinter mir ein Schnauben und Scharren auf dem Kies der Straße. Eilig sprang ich auf die Kühlerhaube meines Wagens, denn ich wußte, was das Geräusch hinter mir bedeutete. Mit angezogenen Beinen saß ich genau zwischen den beiden Scheinwerfern und in deren Licht sah ich, wie die Bache auf mich zulief, während ich ganz langsam nach vorne abrutschte. – Wenn ich jetzt vom Auto fiele, würde mich das „Untier" sicher nicht ungeschoren lassen, denn es wetzte laut hörbar mit seinem Gebrech. So warf ich der zornigen Bache ihren noch immer quieksenden Sprößling direkt vor den Wurf, um mich dann wieder mit beiden Händen auf die Kühlerhaube hochzustemmen. – Die Bache knirschte noch immer und hielt sich einige Sekunden vor mir auf, ehe sie im Wald untertauchte. – Mir schlug das Herz bis zum Hals. Im Nachhinein machte ich mir Vorwürfe, daß ich den kleinen Kerl losgelassen hatte, denn ich hätte ihm den Wurf zuhalten können.

Ich war noch voll von dem eben Erlebten und wollte es meinem Jagdkollegen Herbert Hartmann aus Mauchenheim mitteilen.

Als ich in das Licht seines Wohnzimmers trat, Herbert meinen Bruch am Hut sah, kam ich nicht mehr zu Wort, denn er stellte Fragen an mich und ging sofort mit mir an den Wagen, um die Sau zu begutachten. – Ich kam einfach nicht dazu, ihm von meiner Sauhatz zu erzählen. Erst als wir wieder in der Stube saßen, er einen Klaren eingeschenkt, mit Waidmannsheil auf die Sau angestoßen hatte, hörte er nun, was ich zuvor nicht hatte an den Mann bringen können:

„Annelies", rief er seine Frau, „do kumm mol her, loß der mol des verzehle!!" ... und ich wiederholte die Geschichte mehrmals. Nachdem wir meine Erlebnisse tüchtig begossen hatten, erschien ich mit leichter Schlagseite auf der Geburtstagsfeier zum Leidwesen meiner Frau. Sie erkannte meinen Zustand sofort und entschied, daß wir umgehend nach Hause gingen.

Winter 1974

Die letzten vier Monate eines Jahres sind im Arbeitsablauf für mich besonders intensiv: Schon im September wird gepflügt und das Saatbett für den Roggen bereitet. Ende dieses Monats wird das Korn gesät und gleichzeitig werden die ersten Zuckerrüben geerntet und am Bahnhof Eppelsheim verladen. Zeitgleich kommt die Traubenlese in Gang, wo ich zwischen 20 und 40 Traubenleser zu beaufsichtigen habe. Abends werden die Trauben gekeltert und der frische Most wird in die Gärbehälter gepumpt. Selten komme ich vor Mitternacht ins Bett. Über die ganzen Monate Oktober, November und Dezember zieht sich die Zuckerrübenernte hin. Es wird gepflügt und geeggt, damit der Winterweizen ausgebracht werden kann. Alle Grundstücke sollen bis zum ersten Frost gepflügt sein. Sämtliche Rüben sollen bis zum 15. November gerodet und bis spätestens 10. Dezember verladen sein. Gleichzeitig beginnt der Abstich des nun vergorenen Weines, die Trennung des Jungweines von der Hefe. Da mein Weingut fast die Gesamternte über die Flasche vermarktet, und das Jahresende in der Belieferung unserer Kunden eine Arbeitsspitze darstellt, ist es verständlich, daß ich fast keine Zeit habe, um die herrlichen Treibjagden, zu denen ich oft eingeladen werde, zu begehen.

1974 lag ich voll mit Arbeit bis zur Nasenspitze, auch mußte ich mich noch vorbereiten für die Generalversammlung des Kreisbauernverbandes Alzey-Worms. Meine Zeit war ausgefüllt: tagsüber im Betrieb, bis spät abends am Schreibtisch.

Am Mittwoch, dem 11. Dezember regnete es. Die Zuckerrüben waren verladen, der Winterweizen ausgebracht und die Äcker größtenteils gepflügt. Ich arbeitete im Weinkeller, während die Frauen Flaschen etikettierten und versandfertig machten. Gegen 17 Uhr hab ich etwas gegessen und bin dann in mein Büro gegangen, um den Jahresbericht und den Situationsbericht nochmals zu überprüfen für die am nächsten Tag stattfindende Generalversammlung in der Altrheinhalle zu Eich. Da fiel mein Blick aus dem Fenster und wie elektrisiert sah ich, daß der Regen in Schnee überging. Sofort telefonierte ich mit dem Vorstandsmitglied und meinem Jagdkameraden Herbert Hartmann aus Mauchenheim:

„Herbert, hast Du gesehen, es schneit draußen. Wenn der Schnee liegenbleibt, könnten wir morgen nach Sauen kreisen. – Aber ich muß nach Eich. Wie sollen wir das denn machen?"

Kurz und unzweideutig sagte Herbert:

„Wenn es morgen noch weiß ist, kann ich nicht nach Eich kommen. Wenn ich wiedergewählt werde, nehme ich die Wahl an. Sieh zu, daß Du bis 13 Uhr wieder zu Hause bist!"... und legte auf.

Herbert Hartmann würde also kreisen, aber dennoch hatte ich Probleme, denn nachmittags hatte der Kollege vom Kreisverband Mainz-Bingen, Fritz Gaul, seine Generalversammlung in Sprendlingen. Es ist gute Sitte, daß wir uns auf solchen großen Versammlungen gegenseitig besuchen und anwesend sind. Außerdem wurde morgen nachmittag eine etwas weiterverwandte alte Tante beerdigt. Mit meiner Zeiteinteilung kam ich in eine Zwickmühle. –

Der erste Blick am nächsten Morgen bestätigte: es lag noch dicker Schnee und es war später nichts mehr hinzugekommen. Es war mir klar, daß im höher gelegenen Waldrevier erst recht Schnee liegen mußte, und, wenn Hartmann kreiste, würde er wahrscheinlich auch Sauen bestätigen.

Zusammen mit meiner Frau, die eine der drei Vorsitzenden des rheinhessischen Landfrauenverbandes war, fuhr ich nach Eich. Ohne auf Nachzügler zu warten und eine viertelstündige Karenzzeit einzuhalten, eröffnete ich pünktlich die Jahresversammlung. Ich konnte nicht warten und keine Zeit versäumen, wollte ich um 13 Uhr wieder zu Hause sein. Zügig trug ich den Jahresbericht vor, leitete die Wahlen – Hartmann wurde einstimmig wiedergewählt – und gab anschließend das Wort dem Präsidenten des rheinhessischen Bauernverbandes, Fischborn. Zuvor hatte ich jeden, der am Vormittag zu Worte kommen sollte, gebeten, mit Rücksicht auf die nachmittägliche Versammlung meines Kollegen Fritz Gaul, sich kurz zu fassen.

Hermann Fischborn hielt sich daran, auch die Geschäftsführer waren gut in der Zeit. Da beugte ich mich zu Fritz Gaul hin und flüsterte ihm zu, daß ich heut nachmittag wohl zur Beerdigung der Tante müßte. – Meinem Vetter sagte ich in einer Pause, daß ich eigentlich zur Generalversammlung müßte und deshalb nicht zur Beerdigung kommen könnte. (Mensch, was Klimmzüge, dachte ich, und nur, weil ich mal einige Wochen nicht zur Jagd war. Hoffentlich geht das gut!).

Der Weinbaupräsident, Dr. Reinhard Muth, sprach gerade, als ich auf die Uhr sah und merkte, daß er seine Redezeit überzog. Über das Tischmikrofon bat ich ihn, seine Redezeit zu beachten. Er nickte und schloß alsbald seinen Vortrag. Anschließend kamen noch etliche Wortmeldungen aus der Versammlung, die allesamt zufriedenstellend und kurz beantwortet wurden, so daß ich pünktlich um 12 Uhr die Versammlung schließen konnte. Als ich meine Manuskripte und Unterlagen zusammenpacken wollte, kam der Lokalreporter Fabry zu mir, sagte, daß er nicht früher hätte kommen können und nun solle ich ihm ausführlich berichten, was es heute früh in der Altrheinhalle gegeben hätte. Ich murmelte etwas von Zeitnot, gab ihm mein schriftliches Konzept und verwies ihn an Fischborn, Dr. Muth und die Geschäftsführer, die ihm hinreichend Auskünfte erteilen könnten, griff meine Liebste und fuhr eiligst nach Hause.

Meine siebenundsiebzigjährige Schwiegermutter erwartete uns schon in der Haustür stehend, weil sie uns sicher etwas Wichtiges auszurichten hatte:

„Günther, da hat ein Herr angerufen – den Namen habe ich vergessen. An irgendeinem Berg – den hab ich auch vergessen – da wär ein „Waggon“ Sauen fest! – Ja, „Waggon“ Sauen, hat er gesagt!“

Das war die Sprache von Hartmann und sofort rief ich ihn an. Aber Herbert war schon wieder im Wald, und seine Frau teilte mir mit, daß die Sauen im Bollerberg steckten, und der lag im Nachbarrevier Kirchheimbolanden. Ich solle mich beeilen und die Hunde mitbringen.

Nun hatte ich keine Zeit mehr, keine Ruhe mehr, denn diese Jagd wollte ich mitmachen. Während mir meine Frau ein Mitnehmebrot richtete, meinte meine Schwiegermutter boshaft, daß, wenn der gnädige Herr zur Jagd ginge, die Hausordnung nicht mehr gelte, wie pünktliches Essen und das Nickerchen danach. Ich fauchte zurück so etwas wie: keine Ahnung!

Küßchen für Mami, Brot eingepackt, die Terries in den Caravan und los ging es zu dem etwa 16 Kilometer entfernten Bollerberg. ich hatte alles, was ich brauchte, dabei: Gummistiefel, Anorak, Handschuhe, Drilling, Munition, Knicker, kleines Signalhorn, Hundepfeife. – Bonny die Hündin lag brav auf der Fußmatte, während Schorsch, senkrecht auf dem Beifahrersitz stehend, nach vorne blickte und sich seine Schnauze an der Frontscheibe rieb. – Zum ersten Male wollte ich heute beide Hunde führen, denn wohl war die Hündin „im Kampf" erprobt und erfahren, nicht so der erst sieben Monate alte Rüde Schorsch. Heute sollte seine Feuertaufe sein. – Schorsch habe ich den quicklebendigen Jagdterrie getauft, da ich seinen Stammbaumnamen Axel für nicht passend für den kleinen Kerl hielt. Meine Frau jedoch meinte, daß Kläff der richtige Name für den Hund sei. – Nun passierte etwas sonderbares: Rufe ich ihn mit meinem Namen, Schorsch, so kommt er nur zu mir, ganz gleich, wer immer ihn noch Schorsch ruft. Zu meiner Frau läuft er und zu niemanden anders, wenn sie ihn Kläff ruft. So geht es auch mit dem Namen Axel. Ich habe Schorsch abgerichtet, ich ging mit ihm ins tiefe Wasser, ich habe ihm das Apportieren beigebracht und wöchentlich setzte ich ihn auf eine Schweißfährte, kurzum, ich brachte dem Hund Führigkeit und Appell bei. – So ganz geheuer war mir allerdings nicht, denn eine Saujagd ist für einen jungen, unerfahrenen, aber rabbiat scharfen Jagdterrier immer eine gefährliche Sache. So hat Präsident Egon Anheuser aus Bad-Kreuznach aus demselben Zwinger, aus der unsere Hündin Bonny stammt, einen Wurfbruder erhalten, der sogleich bei dem ersten Einsatz zu Tode kam, weil er wegen seiner Schärfe und Furchtlosigkeit zu scharf ran ging und von einer Sau geschlagen wurde. Wildmeister Tiedke vom Landeslehrrevier Oberwiesen riet mir deshalb, die jungen Hunde schon frühzeitig zusammen mit der erfahrenen Hündin einzusetzen, damit sie die Gefahr erkennen lernten, solange sie noch nicht im Vollbesitz ihrer Hundekräfte sind. –

Das Donnersberger Land war dick eingehüllt mit der weißen Pracht. Es herrschte mäßiger Frost, während bei uns zu Hause die Straßen in der Mittagszeit schon wieder naß und schneefrei waren. Ich fuhr, so schnell ich konnte, und erreichte den Parkplatz an der Bollerberghütte, als gerade die letzten Jäger in einem Waldweg verschwanden.

Günther Beyer aus Bechtheim, er war der heutige Jagdleiter, hatte auf mich gewartet, damit ich den Anschluß an die Gesellschaft bekäme. Gleichzeitig fragte er mich etwas genierlich: „Ist es passend, Dich als Kreisjagdmeister zu fragen, ob Du mit Deinen Hunden durch die Dickung gehst?“

Ich wußte, daß es bei dieser Schneelage kein Zuckerschlecken sein würde, aber ohne Umschweife sagte ich zu, denn ich wollte meine Hunde führen. Das kann man nicht, wenn man Standschütze ist.

Wir waren eben unter äußerster Ruhe an der Dickung angekommen, wollten uns anstellen, als oben am Berg, bei der anderen Gruppe zwei, drei scharfe Schüsse fielen. – Das Herz fiel mir in die Hose, denn das konnte doch nur bedeuten, daß die Sauen beim Anstellen schon auf den Hämmern und ausgewechselt waren. Trotzdem stellte Günther Beyer weiter an und blies verabredungsgemäß das Treiben an.

Wie ich später hörte, versuchten drei Überläufer auszuwechseln, gingen aber, nachdem sie ohne Erfolg beschossen worden waren, wieder zurück ins Treiben.

Jetzt konnte es also losgehen. Ich ging in der Mitte der Treiberreihe und sofort in dickes Gestrüpp und war im Nu ein Schneemann. Der Schnee saß in den Gummistiefeln, im Hals und in den Ärmeln. Die anderen Treiber konnte ich nicht sehen, hörte sie aber, merkte, daß

auch sie sehr langsam vorankamen. – Bald ging die Dickung in Stangenholz über, und ich kam auf einen bergan führenden verwachsenen, nicht benutzten Waldweg. Hier lief es sich etwas leichter. – Da zogen die Hunde an der Leine und streckten ihre Nasen in den von vorne kommenden Wind. Es roch streng nach Sauen. – Ich schnallte die Beiden und drückte ihnen und mir die Daumen. Voller Energie, aber lautlos preschten sie nach vorne und waren sogleich aus meiner Sicht. Ich pustete die Drillingsläufe vom Schnee frei und lud die Waffe. Da meldeten sich oben am Berg meine Hunde. Es war ein zorniges Bellen in hoher Tonlage, und ich wußte sofort, daß sie an Wild waren. Das Hundegeläute kam näher, als ich schon einen Trumm von Wildsau auf mich zustürmen sah. Sofort war ich fertig, faßte Borsten und ließ fliegen. Aber die grobe Sau flüchtete gesund weiter, zeigte keine Schußzeichen. Jetzt schoß es an allen Ecken und Enden, was nur den Schluß zuließ, daß hier tatsächlich ein „Waggon" Sauen steckte, die gesprengt, überall auszubrechen suchten. – Ich lud nach. Gleichzeitig suchte ich meinen Schuß und fand ihn auf einem Buchenstamm. Ich überlegte, daß, wenn ich heute noch eine Chance haben sollte, ich nicht mehr in dem dichten Stangenholz auf den laufenden Keiler schießen durfte, sondern ihn in einer Gasse in den Schuß laufen lassen mußte. Bislang hatte ich so etwas noch nicht gewagt, aber ich sah ein, daß man mitten im Wald nicht mit der Waffe so mitschwingen konnte, wie auf einer Hasenjagd.

Meine Hunde kamen zurück, beachteten mich aber nicht, sondern strebten den Berg hoch. Kaum außer Sicht, hörte ich sie, und das Gekläff kam wieder auf mich zu. Ich war parat.

Da kam im Troll, zwischen den Stangen und hinter einer Bodenwelle, eine große Rotte Sauen. Sie hielten denselben Wechsel, wie vorhin der starke Keiler. Zuerst sah ich nur die Rückenfedern, bis ich sie immer besser erkennen konnte. Vorne die Bache, dann noch ein stärkeres Stück und hinterher eine Menge Frischlinge. Ein herrlicher Anblick! – Keine 50 Schritt vor mir. Kniend ging ich in den Anschlag, suchte eine Schußschneise und nahm Maß am ersten Stück, das die Schneise passierte. Beim zweiten war ich nicht fertig, aber bei der dritten Sau löste ich den Schuß, als ich den Teller im Visier hatte. – Aber auch diese Sau verschwand ohne sichtbare Schußzeichen mit der übrigen Rotte.

Fassungslos stand ich da, war aufgeregt und ratlos zugleich und ärgerte mich: Das kommt davon, sagte ich mir mit schlechtem Gewissen, wenn man nicht auf die Beerdigung der Tante geht. Das kommt davon, wenn man nicht zur Generalversammlung des Kollegen geht und statt dessen hier eine Fahrkarte nach der anderen schießt. Ich war echt zerknirscht. Auch mußte ich mich später fragen lassen, auf was ich denn da drinnen so oft geschossen hätte ohne etwas vorzeigen zu können. – Was sagst du denen nachher? –

Draußen knallte es immer noch heftig. – In meinen Taschen suchte ich nach Munition, hatte aber tatsächlich nur noch eine Kugel und die war jetzt im Lauf. In der Eile hatte ich zu Hause nicht nachgesehen, sondern mich darauf verlassen, daß stets einige Patronen in meinen Taschen steckten. – Heiß überlief es mich, als mir klar wurde, daß ich nicht nur gehörig gepatzt hatte, sondern auch keine Munition mehr vorrätig hatte. Und dies inmitten eines Treibens, das voller Sauen steckte. – Ich dachte an die Jagdkollegen draußen, die sicher mehr Waidmannsheil hatten. So schickte ich einen Stoßseufzer an meine Schutzheiligen und bat: „Hubertus, Diana, – gebt mir noch einmal *eine* Chance!

Es waren mittlerweile 45 Minuten vergangen. Schon längst hörte ich die Treiber nicht mehr, aber noch immer hie und da einen Schuß: Fangschuß? – Da meldeten sich plötzlich wieder meine Hunde. Deutlich zu erkennen. Sie kamen jetzt den Berg herauf. Ich sah einen Überläufer – auf demselben Wechsel. Ich stach, war im Anschlag. Der Watz kam in die besagte Schneise, der Schuß brach und schmiß die Sau um. – Ein Stein fiel mir vom Herzen – endlich. Hubertus, Diana – sei Dank! –

Sofort waren die Hunde am Stück und zerrten an ihm. Die Sau schlegelte noch etwas und Schorsch hing am Hinterlauf, wurde nach vorne gezogen und wieder nach hinten geschleudert. Das machte ihn rasend. Bonny wollte ihm „helfen", aber Schorsch biß sie, den Fang voller Borsten, weg, so daß sie sich in sicherer Entfernung hinsetzte und mit erhobenem Fang heulte, wie ein Wolf. Da näherte sich der Treiber Dietz aus Kirchheimbolanden und sagte: „Ei, Herr Stauffer, haben Sie eine Sau geschossen?", als mein Schorsch ihm auch schon am Hosenbein hing und die Sau verteidigte.

Da habe ich beide Hunde an einen Baum gebunden, um mit Dietz zusammen die Sau aufzubrechen. Dietz erzählte, daß über dreißig Sauen im Treiben gewesen sein müßten und an jeder Ecke seien sie rausgekommen. Was erlegt worden war, konnte er nicht sagen.

Jetzt blies es ab.

Dann schleppten wir zusammen die Sau, nebst Drilling und zerrenden Hunden zum Sammelplatz und kamen schweißgebadet dort an. – Fünf Sauen lagen und meine war die sechste. – Im Geheimen dachte ich, daß es den Schüssen nach hätten mehr sein müssen, aber ich hielt den Mund, denn ich hatte ja ebenso tüchtig danebengeschossen. –

Hartmann übergab mir den Schützenbruch, als ihm Schorsch an das Bein fuhr. Wir waren beide über die Schärfe meines Hundes sehr erschrocken. Zum Glück hatte Schorsch das Holzbein des kriegsversehrten Hartmann erwischt, und so keinen Schaden verursacht. Hartmann fragte nun auch mich, auf was ich noch geschossen hätte und ich berichtete. Hartmann entschied, daß ich mit Hans Frambach nochmals zum Anschuß gehen sollte um nachzusehen. Nun mußte ich den beschwerlichen Weg abermals gehen, aber es war schon wichtig, Klarheit zu haben, denn es waren wieder Schneefälle gemeldet, die jede spätere Nachsuche unmöglich gemacht hätten. –

Wieder untersuchte ich, jetzt aber mit mehr innerer Ruhe, den Weg der starken Rotte und siehe da, nach einigen Metern lag Schweiß und nach weiteren fünf Metern lag meine Sau mit einem sauberen Brennecke Blattschuß.

Das Halloo auf dem Stollhof zu Bastenhaus war groß, als wir mit dieser Neuigkeit ankamen. Die Freunde hatten schon die ersten Schnäpse und Bierchen getrunken, denn es ist üblich, daß ein erfolgreicher Schütze eine Runde stiftet. Da ich noch nicht an der Reihe war, telefonierte ich zuerst mal mit meiner Frau, denn es war geplant, noch an diesem Abend mit den Kindern die Märchenoper „Hänsel und Gretel" in Worms zu besuchen. „Oh, wie schön, mein Lieber", tönt es aus dem Telefonhörer, „Waidmannsheil, grüß die andern und sauf nicht soviel – denk, daß wir noch nach Worms wollen!"

Na, dachte ich, der Haussegen hing senkrecht. Dennoch haben wir die sieben Sauen richtig totgetrunken. Ich war in gehobener Stimmung: die Hunde hatten einwandfrei gearbeitet, waren bogenrein, gaben nur Laut, als sie an Wild waren, und dann haben sie gekämpft. Worüber ich besonders froh war, war, daß sie sich von mir führen ließen. – Ich verabschiedete mich fast unbemerkt. Die Stimmung war überschäumend. – Leider konnte ich den erfolgreichen Jagdtag im Kreise meiner Freunde nicht vollends bis zum Schluß hin auskosten und verabschiedete mich. Ich tat es mit der Ankündigung, daß ich für meine zwei erlegten Sauen, zwei Runden Sekt spendieren würde, was lauthals und zustimmend zur Kenntnis genommen wurde. — Nicht erzählte ich den Freunden, daß ich den Wirt vergattert hatte, in jedes Sektglas einen klaren Kornbrand zu mischen. —

Die Wirkung dieses Gesöffs, — so ließ ich mir sagen — sei umwerfend gewesen. —

Die Märchenoper „Hänsel und Gretel" war wirklich eine erlebenswerte schöne Oper — und ich kein bißchen müde! —

Dieses Jagderlebnis ist bekannt geworden, so wie auch die Begleitumstände. Ich hab mich nie gewunden, auch alles einzugestehen. Die Jagd am 12. 12. 74 war wirklich ein besonderes Erlebnis in meinem an Erlebnissen reichen Jägerleben, so daß ich es immer gerne, wenn wir in gemütlicher Runde saßen, zum Besten gab. Hermann Fischborn und Fritz Gaul haben mir lachend vergeben. Ob das die Verwandtschaft auch getan hat, weiß ich nicht. Mein Vater jedenfalls hätte, lebte er noch, volles Verständnis gehabt.

„Prinz von Heimersheim“

1971 wurden die Beständer des Flomborner Revieres, Dr. E. Hagenburger aus Hettenleidelheim, Horst Pegau aus Wetter/Ruhr und ich, vom Direktor der Vereinigten Österreichischen Stahlwerke, Dr. Rudolf Rienesch, zur Jagd ins Mühlviertel nördlich Linz eingeladen. – In aller Herrgottsfrühe holten mich die Freunde in Flomborn ab und wir fuhren auf der Autobahn gen Osten. Es war Ende Oktober. An der deutsch-österreichischen Grenze angekommen, stellte ich mit Entsetzen fest, daß ich alle meine Ausweispapiere zu Hause liegen gelassen hatte. Auch meine Freunde waren leicht schockiert, denn nun konnte es Ärger geben. Während sie ihre Pässe einem älteren Zollbeamten vorzeigten, durchwühlte ich mein gesamtes Reisegepäck. Im Rucksack fand ich endlich etwas, was vielleicht über meine Person aussagen konnte: den Impfpaß meines Kurzhaarrüden, wo ich als der Besitzer eingetragen war. Der Beamte hatte schon bemerkt, daß ich fürchterlich im Gepäck wühlte und wurde besonders dienstbeflissen. Da gab ich ihm den Hundepaß und er las laut vor: „Prinz von Heimersheim!“ Er stand stramm und salutierte. Als er weiterlas: „Geschlecht: Rüde“, wurde er rot. Als er die Haarfarbe kontrollierte, bestätigte er: „Braun!“ Nun las er weiter: „besondere Kennzeichen: einhodig!“ Da lachte er, gab den Paß zurück und sagte vernehmlich: „Darf einreisen, kann kein Unheil anrichten!“

... und dann konnten wir weiterfahren zu unseren österreichischen Jagdfreunden, Dr. R. Rienesch und Josef Fröhlich aus Zell bei Zellhof im Mühlviertel. Dort haben wir herrliche Jagdtage verlebt. Ein Bub, so erinnere ich mich, sagte zu seinem Vater: „Du Vadder, siehst's die Deitsch'n schiassens aber gud!“ Und als ich von dieser Jagdreise nach Hause kam, konnten wir eine herrliche 71er Ruländer Beerenauslese ernten.

Unser schottisches Abenteuer

Unsere älteste Tochter Barbara, wollte Anfang September 1975 für ein Jahr nach Schottland, um Englisch perfekter zu erlernen.

Als wir beide Ende August zusammensaßen, gestand sie mir, daß sie ein wenig Angst hätte: zum ersten Mal von zu Hause weg, weit in ein fremdes Land. Sie fürchtete sich auch vor der langen Reise; denn sie wollte ihren VW-Käfer mitnehmen. Da kam mir der Gedanke, sie zu begleiten, denn bis dahin war die Hauptsommerarbeit auf dem Feld und in den Weinbergen getan. Keine Gedanken ans Jagen, mal raus aus dem Alltag, mal was Anderes sehen und erleben.

Kurz vor unserer Abreise rief ein Frankfurter Hundeinteressent an. Da wir uns treffen wollten, sagte ich ihm, daß ich ab 1. September nicht da sei, sondern in Schottland. Er fiel mir ins Wort und fragte, was ich denn für ein Wild gebucht hätte, Grouse, Reh oder Hirsch und wohin ich führe. – So auf die Schweißfährte gebracht, wurde es ein sehr langes Telefongespräch. Doch leider konnte ich in der Kürze der Zeit gar nichts mehr arrangieren, organisieren. Nicht einmal eine Einfuhrgenehmigung für meine Waffe war zu bekommen. Aber der Gedanke ließ mich nicht los: dort gibt es Hirsche zu jagen – und auch sonst soll es ganz interessant sein.

Meiner Frau eröffnete ich zu ihrer großen Überraschung und Freude, daß ich beschlossen hätte, Barbara nach Schottland zu begleiten und sie müßte mit als Dolmetscherin. Mein Englisch ist sehr mangelhaft, während sie schon mal drüben war und gut englisch spricht. Sie war einverstanden und packte ihren Koffer, während ich zusätzlich alle jagdlichen Klamotten verstaute ... und los gings mit Bawetts VW und unserem Opel-Caravan auf der Autobahn nach Brüssel. Hier blieben wir über Nacht bei unserer Tante Erika, einer Freundin meiner Frau, die bei der EG-Kommission als

Beamtin tätig ist und die mir schon öfters wertvolle Tips und Hinweise gegeben und Entwicklungen rechtzeitig angezeigt hat. In einem alten Fischrestaurant in der Altstadt haben wir besonders gut gespeist, nachdem wir vorher eine Zeitlang nach Platz angestanden hatten (war was Neues für mich). Tante Erika lotste uns am nächsten Morgen durch Brüssel zur Autobahn und in einer guten Stunde waren wir in Ostende und auf dem Fährschiff nach Dover. Die Überfahrt war herrlich, denn die See war ruhig und das Wetter gut. So genossen wir die kleine Seefahrt. In Dover faszinierte uns der grandiose Anblick der Kreidefelsen und der alten Normannenburg. In der Stadt selbst hatte ich Schwierigkeiten mit dem Linksverkehr. Der Schreck über die ersten Fehler war so nachhaltig, daß es später nie mehr Schwierigkeiten damit gab. Ich meinte bald, daß mir als Linkshänder der Linksverkehr noch zustatten kam. — In Canterbury besuchten wir kurz die Altstadt und die Kathedrale. Es ist eine gut erhaltene alte Stadt, sehr reizvoll. Weiter ging's nach London. Wir wohnten gegenüber dem Buckinghampalace im „Hotel Rubens" an der Buckhinghampalace Street, einem piekfeinen Hotel Erster Klasse. Ich wollte zwar nicht so viel Geld für eine Übernachtung ausgeben, aber in meinem Reiseführer hatte das Hotel nur einen, jetzt hatte es mehr Sterne. Abends machten wir einen kleinen Stadtbummel durch das Zentrum der Stadt und ich war genauso wie Barbara beeindruckt von all den großartigen Plätzen und Bauten: Viktoriastreet — Westminster — Westminster-Bridge — Whitehall — Trafalgar-Square und der Mall zurück am St. Jamespark. Ein Hauch der großen weiten Welt und viele Gedanken.

Bei der Abfahrt am nächsten Tag gab's noch mal eine kleine Aufregung: kein Taxifahrer wollte uns und unser Gepäck zu unserer Garage fahren, die in der Nähe der Irischen Botschaft lag. Schließlich blieb uns keine andere Wahl, wir winkten ein Taxi heran, stiegen ein und nannten erst dann das Ziel. Der Fahrer erschrak und wollte erst nicht fahren. Nur gutes Zureden half. Da erzählte er uns, daß erst gegen Mittag, in der Nähe — im Hiltonhotel — eine irische Bombe hochgegangen sei. Tatsächlich war überall Polizei zu sehen, die die Fahrzeuge und die Passanten kontrollierten. Wir kamen aber recht gut aus der Stadt auf den Weg „to the North". Es war Sonntag, als wir Pitlochry erreichten. Wir wollten uns zuerst eine Unterkunft besorgen. Da englische Reisesaison war und scheinbar alles reisende Volk sich auf Pitlochry konzentrierte, konnten wir nur außerhalb bei einer Mrs. Frazer ein Zimmer bekommen. Danach suchten wir die Schule auf, in der Barbara ein ganzes Jahr lang arbeiten und leben sollte und waren bitter enttäuscht. Untergebracht werden sollte sie in einem Raum, an dem die Tapeten in Fetzen von den Wänden runterhingen, die Lichtkabel defekt waren, das Zimmer nicht zu heizen war, kurzum unmöglich. Und so aber auch die Umgebung. Wir begannen sofort die Suche nach einer anderen Bleibe, hier konnte sie nicht wohnen. Nebenher erkundigte ich mich nach Jagd-Möglichkeiten. Um es kurz zu machen: wir wurden fündig in der Person von Mrs. Maidland-Smith aus Dunkeld bei Perth, die hervorragende Beziehungen zum britischen Hochadel hatte und die etwas später Barbara in der Familie der Grafen von Glamis unterbrachte. Barbara konnte hier zur Schule gehen und am Nachmittag die Kinder der Familie beaufsichtigen. Die Familie war mit dem englischen Königshaus verwandt und im Laufe des Jahres lernte sie hier die Queen, Prinz Philipp und die Königinmutter persönlich kennen. In ihren Briefen nach Hause beschrieb sie alles sehr lebensnah und plastisch. Uns fiel ein Stein vom Herzen und wir waren froh, daß doch noch alles geklappt hatte, besser als wir anfangs vermuten konnten. Mr. Maidland-Smith arbeitete im Büro des bekannten Major Ramsey, eines großen Jägers, in Aberfeldy. Der verwies uns nach Ballachullich in der Nähe von Fort William an der Westküste. Das Revier, in dem wir jagen könnten, hieße Mamore Forest. Wir nahmen Abschied von Barbara, versprachen, uns zu melden; denn noch war ja Mrs. Maidland-Smith am Suchen, so daß wir Barbara in der unmöglichen Croft-in-Loan-School lassen mußten. Aber wir

gedachten ja, so lange in Schottland zu bleiben, bis Barbara richtig versorgt war.

Die Fahrt von Pitlochry nach Ballachullich war einzigartig, wie auch schon vorher die Fahrt von Edinburgh immer neue Schönheiten offenbart hatte. Meine Frau und ich waren hellauf begeistert, besonders vom berühmten Glenco-Paß und dem Hochmoor am Kingshousehotel. Unser Hotel lag am Loch Leaven direkt an der Mündung des Lochs zum Meer und war Anlegestelle einer Fähre. Viele Fragen und Eindrücke mußten verdaut werden, so war u.a. der Abend ausgefüllt mit jagdlichen Fragen und Whisky trinken. Voller Erwartungen gingen wir zu Bett.

Morgens gab es das obligate englische Frühstück: pures Wasser stand da zum Trinken, Orangensaft, Cornflakes mit Milch, Schinken und ein blindes Hühnerei und hinterher noch getoastetes Weißbrot mit Butter und Marmelade — der Teufel soll's holen — so viel Hunger habe ich gewöhnlich morgens nie, und das war ich nicht gewohnt (in London gab's ja noch Continental-Breakfast). Später jedoch gewöhnte ich mich langsam an diese Speisegewohnheit. Meine Frau fuhr mich zum Treffen mit meinem Stalker, dem Jagdführer. Sandy Masson stellte sich vor in der typischen schottischen Highlander-Bekleidung, daß ich mir ein Grinsen nicht verkneifen konnte. Aber er war mir auf Anhieb sympathisch. Während meine Frau zurückfuhr, um Sight-seeing zu machen, stieg ich in Sandy's Landrover, und wir fuhren einen kiesig-steinigen Weg hoch, an der Mamore Lodge vorbei, einem alten Landsitz, der z.Z. zu einer Jagdlodge umgebaut wurde, zur Wohnung von Sandy. Ehefrau, Sohn Collin und ein Gillie, nebst diversen Hunden kamen zur Begrüßung. Doch wir hielten uns nicht lange auf. Nach zwei gut sitzenden Probeschüssen, mit Sandys Rifle 7 x 65, plus 4-fachem Zielfernrohr, wurde gestartet: Sandy, ein Gillie, zwei Funksprechgeräte, ein Landrover und ich. Die Fahrt ging über einen holperigen felsigen Weg in Schleifen und Steigungen hoch über den Fjord, von wo aus man eine herrliche Aussicht genoß. Unter uns lag das Dorf Kinlochleaven am Ende des Lochs mit seinem bekannten Aluminiumwerk, und nach Westen verlor sich der sieben Kilometer lange See im Meer. Wir fuhren weiter über einen kleinen Paß, an einem See vorbei und waren in einem Revier, größer und weiter als das Auge reichte. Und immer weiter fuhr Sandy ins Revier hinein. An einer kleinen verlassenen Hütte endlich machte Sandy halt, mitten in einem großen weiten, menschenleeren Tal. Rechts und links des Tales erhoben sich die baumlosen Bergzüge und in gar nicht allzu weiter Entfernung erhob sich ein markantes Bergmassiv, der Ben Nevis, Schottlands höchster Berg. Und überall Wasser, Feuchtigkeit, Rinnsale und Gewässer. Während der Gillie das Pferd (ein Pony) sattelte, legte sich Sandy auf den Rücken, schlug ein Bein über das andere, zog sein Spektiv raus, legte es auf sein Knie auf und suchte den weiten Hang, den wir jetzt raufsteigen wollten, nach Wild ab. Dem Gillie gab er Anweisung, wann und wo er uns treffen sollte. Wir gingen los, Sandy vorneweg und ich hinterdrein. Sandy trug meine Klamotten und das Gewehr, seine Ausrüstung, einschließlich Funksprechgerät und Verpflegung. Es ging langsam aber stetig bergan. Von Minute zu Minute wurde es mir warm und wärmer. Bald sah ich nicht mehr, wohin ich trat. Versuchte ich anfangs noch, den Pfützen und Rinnsalen auszuweichen, ging das bald nicht mehr vor Anstrengung, und schon waren meine Schuhe und Strümpfe glitschnaß. Ich war froh, einen Bergstock zu haben, er war sehr hilfreich bei diesem Aufstieg. Jetzt, wo wir langsam hoch und höher kamen und die kleine Hütte unter uns immer winziger wurde, bekam ich einen Eindruck von der Weite des Landes. Bei uns markiert stets eine Baumreihe am Bach, Weinberge oder Dörfer und Straßen die Landschaft, so daß man Entfernungen besser abschätzen kann. Aber hier im bergischen Hochmoor ohne Baum und Strauch sind die Entfernungen weiter, als man sie anfangs schätzt. Dazu kommt, daß man bei jedem Schritt und Tritt, wenn man nicht gehörig aufpaßt, einsinkt und so das Gehen mit der Zeit schwerfällt. Kaum hatten wir die erste Höhe erreicht, fiel der Blick auf eine weite Hochebene, moorig-naß, feucht, unterbrochen von Gräben und leichten Wellen. Als wir eben aus einer solchen Bodenwelle nach oben stiegen, ging Sandy rasch in Deckung und zog mich mit zu Boden. Er hatte das Glas an den Augen und mußte etwas entdeckt haben. Die ganze Zeit zuvor hatte ich auch das Gelände abgesucht, wenn er eine kurze Rast eingelegt hatte. Also nahm auch ich jetzt das Glas hoch und schaute in die Richtung, die er anfixierte. Und tatsächlich, da standen in etwa dreihundert Metern Entfernung hinter einer Bodenwelle drei Hirsche. Es war fantastisch! Ich sah die ersten schottischen Hirsche. Aber sie schienen uns schon ausgemacht zu haben; denn sie äugten und sicherten unbeweglich in unsere Richtung. Langsam nahm Sandy das Gewehr aus dem Futteral, lud durch und gab es mir mit dem leisen Hinweis: „den mittleren". Aber bei dieser Bewegung sprangen sie schon ab. Ich muß zugeben, daß diese plötzliche Begegnung mich ziemlich jagdfiebrig gemacht hat, hatte ich doch anfangs gedacht: ‚Da ist nichts zu sehen, da wirst du sicher nicht zum Schuß kommen.' Und doch hatten wir schon innerhalb einer Stunde den ersten Anblick. Ich dachte aber auch daran, daß, je länger der Marsch andauerte, meine Kräfte, die Ungeübten, rasch nachlassen könnten und damit die Zielsicherheit. Wir erreichten nach einer weiteren Stunde das Ende des Hochplateaus und den Fuß des Bergmassivs und ohne großen Aufenthalt begann der weitere Aufstieg. Sandy war in meinem Alter und ich bemerkte, daß er alle Viertelstunde eine kleine Verschnaufpause einlegte, immer dann, wenn es in mir so richtig kochte. Dem Schnaufen nach hatte auch Sandy die Pause nötig, nur der war's gewohnt, ich aber nicht. Auch mußte ich jetzt bei jedem Schritt aufwärts meine Hände zu Hilfe nehmen, da die Kniegelenke weich zu werden begannen. Nach weiteren zwei Stunden waren wir kurz unter dem sich lang hinziehenden Grat. Hier suchte Sandy für uns eine kleine Deckung aus, wo wir Mittagsrast einlegen wollten, nicht ohne vorher nochmals die Umgebung abgeleuchtet zu haben. Nachdem uns einige Schluck Suppe und Tee, ein doppeltes Brot und eine Orange gutgetan hatten, merkte ich, wie ich mich in der reinen klaren Höhenluft rasch wieder regenerierte und zu Kräften kam. Sandy erzählte fortwährend: Über Nacht ziehen die Hirsche zu Tal, um zu äsen, da dort die bessere Äsung steht. Gegen Morgen ziehen sie langsam auf die Höhen und lassen sich nieder, um zu ruhen. Eher dürfe der Jäger nicht pürschen. Das wäre auch der Grund, warum wir erst gegen zehn Uhr vormittags losgingen. Aber wir müßten sehr vorsichtig sein, ich hätte ja feststellen können, wie gut die Hirsche äugten. Größere Rudel wären fast nicht anzugehen, weil man einfach sehr schlecht an sie rankäme. Er wolle versuchen, an Beihirsche ranzukommen, denn die lägen einzeln und abseits des Rudels im Gelände. Ja und da bekam ich schon wieder Zweifel, ob es wohl klappen würde. Als ob Sandy meine Gedanken erraten hätte, sagte er mir, daß es mit dem Teufel zugehen müßte, wenn ich nicht zum Schuß käme. Er hätte noch jeden Gast an Hirsche gebracht — und schließlich sei das Wetter ja hervorragend. Und das war es wirklich. Die Sonne schien, der Himmel war hellblau, einige Wolkenbänder segelten vorüber und darunter ein Steinadlerpaar, auf das mich Sandy aufmerksam machte. Es war unbeschreiblich schön. Per Sprechfunk teilte Sandy dem Gillie mit, was er nun mit mir unternehmen wollte — und dann gings weiter, nachdem eine kurze Zigarette aufgeraucht war. Wir stiegen vorsichtig zum Grat auf und Sandy leuchtete die andere Hangseite ab — und da hatte er sie: ein großes Rudel mit etwa vierzig Hirschen, Tieren und Kälbern. Sie standen etwa 600 Meter links unter uns. Er überlegte kurz, wie er sie angehen sollte; denn es seien ein paar gute Hirsche drunter. Allen unnötigen Ballast ließen wir auf der anderen Seite des Berges und nur mit Büchse und Fernglas ging's los auf allen Vieren. Ungesehen gelangten wir auf dem Bauch über den Kamm in eine kleine Bodenrinne, in der wir nun bergabrutschenderweise den Hirschen etwa 200 Meter näherkamen. Ich mußte stets auf volle Deckung gehen, nur Sandy berichtete, was er gesehen hatte. Nun mußten wir noch mindestens 200 Meter quer zum Berg und das war schwierig, da es einige Stellen gab, die das Wild einsehen konnte. Inzwischen waren wir patschnaß, am Bauch vor Nässe vom Boden und sonst am ganzen Körper vor Anstrengung. Jetzt waren wir auf etwa 270 Meter ran und hatten den ersten Hirsch halb links unter uns. Er wäre zu schießen, ich sollte mich aber beeilen, denn scheinbar hatten sie etwas bemerkt und das Rudel sicherte nach oben, aber an uns vorbei. Vorsichtig nahm ich die Büchse, entsicherte, sah durch das Zielfernrohr, dachte noch: ‚Oi, wie ist das weit!', hatte das Blatt im Zielstachel ... und zerriß den Schuß. Ich hatte gefehlt, so nahe am Ziel und doch war alle Mühe vergebens. Nachdem der Schuß gefallen war, stürmte das ganze Rudel talab über den kleinen Bachlauf und verschwand in den Wellenhängen der anderen Bergseite. Und ich stand da und machte ein dummes Gesicht. Sandy hatte den Kugeleinschlag gesehen und gehört und sagte, daß ich vor dem Hirsch in den Moorboden geschossen hätte, es hätte ganz vernehmlich „buff" gemacht. Nun, was war geschehen? Zu Hause nehme ich den Stecher, egal ob Doppelzüngelstecher oder Rückstecher. Sandys Waffe hatte keinen Stecher, sondern einen Druckpunktabzug. Diesen wichtigen Unterschied hatte ich im Augenblick hoher Anspannung außer acht gelassen. Ich hätte, und das nahm ich mir nunmehr felsenfest vor, den Abzug ganz langsam durchziehen müssen, ohne das Ziel zu verwackeln. Was ich in den kommenden Minuten durchmachte, ist nicht zu beschreiben. Ich fühlte mich furchtbar blamiert. ‚Schlumpschütze, verantwortungsloser Jäger, du willst Jagdmeister sein! Fährst über 1000 Kilometer in ein fremdes Land und dann haust du vorbei, weil du nicht an das denkst, was man eigentlich zu bedenken hätte!‘ Sandy versuchte mich zu beruhigen, indem er mir erzählte, daß ich nicht der erste gewesen wäre, der vorbeigeschossen hätte und schließlich hätten wir eine selten anstrengende Pürsch hinter uns und letzten Endes wäre es eine unverantwortlich weite Schußdistanz gewesen. Er hätte den Schuß auch nicht zugelassen, wenn die Hirsche nicht unruhig geworden wären. Wir stiegen wieder nach oben, um unsere Siebensachen zu holen. Inzwischen hatte Sandy wieder den Gillie verständigt und mitgeteilt, wir würden jetzt im Schatten des Berggrates südwärts pürschen, er könne das Pony in den Stall stellen und mit dem Landrover am See auf weitere Nachricht warten, alle Stunde melde er sich. Es war inzwischen später Nachmittag geworden. Das Tempo unseres Marsches hatte sich deutlich verlangsamt, aber es war nicht mehr so anstrengend, weil wir nicht mehr viel zu steigen hatten und uns fast auf gleicher Ebene bewegten. Trotzdem schaute Sandy fortwährend durch das

Glas, aber er konnte nichts entdecken. Gegen 18.00 Uhr gelangten wir zum Gipfel dieses Bergrückens und wir rasteten einen kleinen Augenblick und genossen die herrliche Aussicht. Unter uns das moorige Bergland, etliche Seen leuchteten herauf und im Hintergrund die schottische Berglandsilhouette. Während ich eine Zigarette rauchte und die Gegend in mich aufnahm, legte Sandy einen Stein auf die vielen anderen Steine des Gipfelpunktes, leuchtete die Gegend ab und sah wieder einen Hirsch. Aber er sagte, daß der für ein Angehen jetzt in dieser Stunde schon zu weit sei. Vor Dunkelheit würden wir den nicht mehr erreichen. Wir müßten jetzt so langsam aber sicher in Richtung Treffpunkt Landrover pürschen. „Gibts noch eine Chance?", fragte ich. Sandy lachte und meinte: „Mal sehen!" Wäre das ganze Gelände mit Wald bestanden, hätte man annehmen dürfen, daß hinter jedem Gehölz Wild anzutreffen wäre. Aber hier bei dieser freien Landschaft, wo man von oben fast jeden Winkel einsehen konnte und bis jetzt nichts wahrzunehmen war, schienen die Chancen für heute ziemlich aussichtslos, zumal die Tiere durch meinen Schuß doch gewarnt worden waren. Sandy bestritt das; denn durch das vielfältige Echo, aber auch durch die Strecke, die wir inzwischen wieder zurückgelegt hätten, bestände ohne weiteres noch eine Möglichkeit. Vorsichtig stiegen wir in dem steinigen Hang bergab, immer darauf bedacht, in einer schützenden Bodenrinne Deckung zu finden und keine Steine zu lösen. Der steinige Boden wurde allmählich flacher und ging in weiches Moor über. Mit müden Knien gingen wir gerade etwas ungedeckt über eine Bodenwelle, als mich Sandy unsanft zurück auf die Erde zog. Aber ich hatte sie auch gesehen: zwei Hirsche lagen keine achtzig Meter unter uns und dösten, mit dem Rücken zu uns. Gott sei Dank hatten sie uns nicht gesehen und gehört. Was für ein Anblick! Sandy hatte schon längst das Gewehr schußbereit und mir zugeflüstert: „The right one!", versuchte es nochmal in deutsch-normannisch: „De reechcht", ich nickte und betrachtete nochmals eingehend die ruhenden herrlichen Tiere, ahnungslos saßen sie da im Moos auf einem kleinen Vorsprung und konnten die vor ihnen liegende Fläche überschauen. Daß eine Gefahr von hinten, vom Berg kommen könnte, daran dachten die nicht. Jetzt nahm ich das Gewehr und zielte auf den „right one", aber der saß noch immer und ich war die Ruhe selbst. Ich sagte zu Sandy, daß wir in Deutschland nicht auf ruhendes sitzendes Wild schießen würden. „Gut", sagte Sandy leicht geschockt, ich solle aber aufpassen, daß er mir nicht entwische, er wolle ihm pfeifen. Der Zielstachel saß auf dem Blatt, als Sandy kurz pfiff. Der Hirsch stand langsam auf, sicherte zu uns herauf, als der Schuß fiel. Deutlich sah ich auf dem Blatt den roten Einschußfleck. Wie in Zeitlupe schwankte der Hirsch, stürzte einige Meter von der Kuppe, schlegelte etwas und verendete. Ich hatte zwar sofort repetiert, aber die Augen nicht vom Zielfernrohr gelassen, falls ich noch einen Schuß benötigt hätte, auch hatte ich diesmal ganz ruhig den Abzugbügel durchgezogen. So lag ich immer noch da und schaute nach unten und konnte es nicht glauben, daß ich den ersten Hirsch meines Lebens geschossen hatte. Hier in Schottland hatte es doch noch geklappt. Ich war unsagbar froh und dankbar. Bewegt dankte ich Sandy, der mir meine freudige Erregung ansah, während er mir gratulierte. Der wollte sogleich zum Hirsch, aber ich veranlaßte ihn, mit mir noch eine Zigarette zu rauchen, so wie ich es auch zu Hause tat. Die vielfältigsten Gedanken gingen mir in diesen Minuten durch den Kopf: die Erinnerung an meinen Vater, das muß ich meiner Frau erzählen, nein, sie muß morgen mitkommen. Warum haben wir die Hirsche nicht vom Berggipfel aus gesehen? Sandy konnte wohltuend beruhigen, denn auch das hat er vor dem Schuß flüsternd getan, mit einem aufmunternden Lächeln, er ist ein guter Stalker. Nun nahm er sein Walky-Talky raus und verabredete mit dem Gillie den Treffpunkt, nachdem er die Erfolgsmeldung durchgegeben hatte. – Wir gingen zum verendeten Hirsch, nahmen ihn in Besitz mit blühendem Heidekraut und Sandy mußte mich aufbrechen lassen. Ich mußte meinen ersten Hirsch selbst aufbrechen, ich bat ausdrücklich darum, obwohl dies zu der Arbeit des Stalkers gehört. Vollkommen belanglos war für mich zu diesem Zeitpunkt die Qualität der Trophäe. Ich wußte nur, daß es ein geringer

Abschußhirsch war. Stets ist es mir auf das jagdliche Erlebnis angekommen und dann erst auf die Trophäe. Was natürlich nicht heißen soll, daß ich die Stücke, die ich bejagte, nicht vorher sorgfältig angesprochen hätte. Ich bin aber nie ein Trophäenjäger gewesen und werd's wahrscheinlich auch nicht. Ich machte einige Bilder und war überglücklich.

Es begann, so langsam zu dämmern, und wir mußten aufbrechen, um ins Tal zu kommen, es war noch ein weiter Weg. Ich übernahm Gewehr, Rucksack, Jagdstock und die sonstigen Klamotten, Regenzeug etc. und merkte erst jetzt, was für ein Gewicht mir der Jäger bislang abgenommen hatte (auch das gehörte zu seinen Pflichten als Jagdführer!). Er hingegen packte den Hirsch am Geweih und zog ihn rücklings zu Tal. Muß ich sagen, daß dieser Heimweg nochmals alle Kräfte von uns abverlangt hat? Aber das Gefühl, einen herrlichen erfolgreichen Jagdtag gehabt zu haben, überstrahlte auch jetzt alle Mühsal. Am Jeep angekommen, wurde der Hirsch verladen, ein Schluck Whisky getrunken und ab gings nach Hause, wo wir bei völliger Dunkelheit ankamen. In der Wildkammer versorgte Sandy den Hirsch, übergab mir die Grandeln. Meine Frau war da, der ich nunmehr völlig abgekämpft berichtete. Wir fuhren zusammen ins Hotel, aßen zu Nacht. Ich hatte mich nicht umgezogen, wie die anderen Gäste alle. Der Hotelinhaber mußte ihnen erklären, warum ich nach deutscher Sitte in jagdlichem Anzug nun den Hirsch totzutrinken hatte. – Etwas ganz Wichtiges habe ich vergessen zu sagen: Im Landrover hatte ich mein Fürst-Pleßhorn liegen. Ehe wir den Hirsch verluden, habe ich ihn brauchgerecht verblasen und meine schottischen Jäger standen entblößten Hauptes dabei und erlebten, vielleicht zum ersten Male, wie wir deutschen Jäger dem erlegten Wilde die letzte Ehre erwiesen. Sie waren sichtlich beeindruckt.

Der denkwürdige Tag war für mich so nachhaltig, daß ich trotz aller Mühen und Anstrengungen – ich spürte meine Glieder kaum mehr – innerlich so aufgewühlt war, daß es unmöglich war, einzuschlafen. Immer wieder berichtete ich meiner Frau Einzelheiten dieses Jagdtages. Ich hätte nie gedacht, daß ein Jagdausflug in einem fremden Revier, in einem fremden Land, so einmalig sein konnte und nachhaltig auf mich einwirken konnte, so daß ich heute noch jede kleine Einzelheit in Erinnerung habe. Noch in dieser Nacht beschlossen wir, daß meine Frau am nächsten Tag mitpürschen müsse, auch wenn ich vielleicht – wegen ihrer sicher schwächeren Kondition – nicht zum Schuß kommen sollte. Sie mußte einfach einmal diese herrliche Bergwelt Schottlands miterleben, um alles das, was ich heute erlebt hatte, ebenfalls mitfühlen zu können.

Sandy und der Gillie machten ein ziemlich verdutztes Gesicht, als sie am nächsten Tag erfuhren, daß meine Frau mitkommen wollte. Ich bat selbstredend, daß er möglichst eine etwas leichtere Tour nehmen soll und nicht das olympiareife Tempo von gestern beim Aufstieg angehen sollte. Wir verließen den Landrover in etwa der Gegend, wo wir am Abend zuvor den Hirsch verladen hatten, um nun die andere Seite des Bergmassivs anzugehen. In serpentinenartigen Schleifen gings aufwärts und schon nach kurzer Zeit hatte unsere gute Mami einen puterroten Kopf und prustete vor Anstrengung und wollte zurück. Aber der Landrover war schon längst über alle Berge, wo sollten wir sie lassen? Ob sie wollte oder nicht, sie mußte mit. Immer wieder legten wir Pausen ein und brauchten ziemlich lange, bis wir die Höhe und den Grat erreicht hatten. So langsam kam ich hinter die Pürschmethodik der Stalker. Man ging einen Berg gegen den Wind an und versuchte, die Gipfellinie zu erreichen, um dann leichter von oben her an das Wild zu kommen. Da man wegen des fehlenden Bewuchses einfach nicht stehenden Fußes ans Wild kam, mußte man flach auf dem Bauch liegend ans Wild robben, was natürlich leichter bergab geht als umgekehrt. Um die Mittagszeit, um 13.00 Uhr etwa, machten wir Rast, um unser reichhaltiges Lunch-Paket zu verzehren. Es schien wieder die Sonne und man hatte von der Höhe einen herrlichen Blick über das Land. Wieder konnte uns Sandy ein Steinadlerpaar zeigen, das in der Luft seine Kreise drehte, auch an Moorhühner kamen wir ran, den Grouse und Fuchslosung stellten wir fest. Eigenartigerweise machten Sandy's Schafe, die in den unteren Regionen grasten, den Hirschen gar nichts aus. Die Schafe lebten halbwild und mußten im Winter mit guten Hunden eingefangen werden. Bald schon war die Pause vorüber, und wir pürschten langsam nordwärts. Der Wind hatte sich gedreht. Gestern hatten wir Südwind. Heute war der Gillie mitgekommen, da auf der anderen Seite des Berges, ebenfalls an einer verlassenen Hütte, ein Fordson-Traktor mit Gummigleitketten stehen sollte. Er trug jetzt unsere Ausrüstung. Mami hatte den Bergstock. Nun hatte sie sich an das Pürschen gewöhnt, es ging ja schon wieder leicht bergab. Der Aufstieg war schlimm für sie gewesen. – Jetzt ging Sandy immer mit gewissem Abstand vor uns her, damit er das Gelände vor uns, ohne Störungen durch uns, absuchen konnte. Da entdeckte er nicht allzu weit vor uns einen Hirsch. Er kam zurück, erklärte uns, wo der Hirsch saß, und wie wir ihn angehen sollten. Meine Frau und der Gillie und unsere Klamotten mußten allerdings zurückbleiben, sollten aber die Pürsch miterleben können; denn Sandy und der Gillie hatten wieder ein Funksprechgerät dabei, so daß Sandy sie laufend unterrichten konnte. Dolle Sache: Sandy, der Jagdführer und Reporter! Wir zogen los: vorsichtig rutschten wir wieder wie gestern über einige nasse, steil abfallende Bodenerhebungen, bis wir etwa über dem Hirsch waren, um dann leise nach unten in einer Rinne abwärts zu rutschen. Noch hatte ich den Hirsch nicht gesehen. Sandy nahm den Kopf hoch und bedeutete mir, daß vor uns der Hirsch liege. Er nahm die Büchse aus dem Futteral, lud durch und gemeinsam krochen wir vorsichtig nach vorne aus der Rinne heraus. Es war ein noch geringerer Hirsch als der von gestern, ein Spießer mit einer kleinen Augsprosse. Ich betrachtete ihn und übernahm die Büchse. Auf etwa 150–180 Meter trug ich dem Hirschen einen sauberen Blattschuß an, nachdem ich wieder, wie gestern, meinen Anorak als Gewehrauflage untergeschoben hatte. Meine Frau und der Gillie hatten den Schuß gehört und erfuhren jetzt von Sandy, daß ich Waidmannsheil gehabt hätte, und sie könnten zu uns kommen. Diesmal mußten Sandy und der Gillie den Hirsch aufbrechen, während ich einige Aufnahmen machte. Wieder hielten wir die Andacht, diesmal jedoch lebhafter im angeregten Gespräch. Dann nahmen meine Frau und ich alle Jagdutensilien, während Sandy und der Gillie den Hirsch talwärts zogen. In der Talsohle ließen sie ihn liegen und holten von der alten Hütte den Fordson, um den Hirsch abzutransportieren. Meiner Frau und mir bedeutete man, daß wir uns schon mal zu Fuß auf den Weg machen könnten zu der anderen Hütte, zu den Ponys und dem Landrover. War bisher unser heutiger Jagdausflug ein Spaziergang gewesen, so hatte ich nunmehr eine liebe Mühe, meine Frau durch Sumpf, Moor und Wasserläufe zu bugsieren. Fast drei Stunden brauchten wir für eine Strecke von etwa vier Kilometer und als wir an der Hütte ankamen, hörten wir auch schon hinter uns den Fordson. Gemeinsam fuhren wir alsdann, wieder mal völlig geschafft, nach Hause.

Ein unerhört aufregendes Abenteuer hatten wir erlebt, das so fortwirkte, daß ich mich entschloß, nochmals nach Schottland zu kommen, koste es, was es wolle. Ich fand Gefallen an der Landschaft, der herben, rauhen, wind- und regengebeutelten Gegend, den liebenswerten Menschen, die mit unseren sehr gut zu vergleichen sind und dem Wild, dem geliebten Wild. Schottland, ich komme wieder!

„Mein" Schorsch

Was es mit „meinem" Schorsch auf sich hat und warum ich „mein" in Anführungszeichen setze, habe ich schon an anderer Stelle gesagt. Jedenfalls hat er sich im Laufe der Jahre zu einem hervorragenden Jagdgebrauchsterrier entwickelt, wie dies u. a. auch die Staatsjagd im Soonwald gezeigt hat. Alle, die den Hund kennen, wissen das, besonders auch mein Jagdkamerad Herbert Hartmann, der, wie ich, viel von guten Jagdhunden hält. Allerdings war er anfangs gar nicht überzeugt vom Wert dieser Hunderasse, die wir jetzt auch im Rothenkircher einzusetzen gedenken. Er meinte, die wären zu wild und würden zu sehr das Rehwild durcheinanderwirbeln. Da ist was Wahres dran, gilt aber nur

für die unerzogenen und unerfahrenen Hunde dieser Rasse, nicht jedoch für „meinen" Schorsch. Nachdem Herr Hartmann den Hund etliche Male hat arbeiten sehen, konnte er sich überzeugen, daß Schorsch *der* Hund ist. Leider konnte ich aber Schorsch nicht überzeugen, daß Herbert Hartmann der Jäger ist, den er am 12. 12. 74 bei einer Jagd in Kirchheimbolanden in sein Holzbein gebissen hat. Damals hatte Herbert vor Schreck und Notwehr nach dem Hund getreten. Und das scheint der Hund nicht vergessen zu haben, denn seit dieser Zeit knurrt er immer und sträubt seine Haare, wenn Hartmann in der Nähe ist, und der hat stets einen Mordsrespekt vor diesem kleinen Teufel.

Wieder einmal saß ich in der vorderen Portshansenwiese auf dem Hochsitz und hatte Schorsch bei mir. Ich wußte nicht, ob noch einer unserer Herren draußen war auf der Jagd, denn ich war an diesem Abend zu spät dran, um mich noch erkundigen zu können. Da hoppelte ein Hase unter mir auf dem Wege vorbei und Schorsch blickte ihm interessiert nach ohne einen Muckser von sich zu geben. Nur der eine Vorderlauf zitterte etwas nervös, wie stets, wenn er Wild sah und nicht aktiv werden durfte. Er beobachtete die Vögel und später auch die Rehe, die vor uns austraten. Er gab keinen Laut von sich und blieb ruhig. Da schnürte ein Fuchs die Wiese hoch. Und da er mit diesen Gesellen schon manch erbitterten

Zweikampf unter Tage ausgetragen hatte, fürchtete ich nun seinen Zornesausbruch und beruhigte ihn durch Streicheln und Zureden. Schorsch blieb diszipliniert und starrte nur ungläubig nach unten. Und immer wenn er ein neues Stück Wild ausgemacht hatte, stieß er mich leise mit seiner feuchten, kalten Nase an. Da plötzlich, es wurde schon etwas duster, sträubte sich sein Haar und er hob seine Nase in den Wind und er sog gespannt die Witterung ein. Ich nahm mein Glas zur Hand und leuchtete die Wiese hoch, konnte aber nichts entdecken, hörte auch kein verdächtiges Geräusch. Doch ein Blick auf Schorsch bestätigte, da war etwas. Der ganze Kerl war konzentriert, böse, in Abwehr. Irgendwas hatte er in der Nase. Ich lauschte angespannt und da, tatsächlich, da krachte ein Reisig, aber weit weg und ganz leise, und jetzt wieder. Die Büchse war parat und auch mein Glas. Jetzt war ich auch gespannt. Mit verhaltenem Atem lauschte ich. Ja, da war ein Geräusch auf dem Weg oberhalb von uns, leises Knirschen auf dem kiesigen Weg. Sehen konnte ich nichts, zuviel Zweige waren im Gesichtsfeld. Jetzt fing der Hund an zu knurren, das tiefe langsame Gurgeln. Die kleinen Behänge zurückgelegt, während die Augen böse nach rechts schielten, als hätte er es auf mich abgesehen. Ich versuchte, ihn zu beruhigen und fuhr ihm besänftigend über den Nacken. Es half nichts, er gurgelte weiter und eine Tonart zorniger. Wenn jetzt Wild anwechselte, würde er es mir vergrämen. So kannte ich „meinen" Schorsch nicht, so verhielt er sich nur bei ... Ich sprang hoch, lehnte mich über den Hochsitz nach vorne, das Glas am Kopf und schaute nach rechts unten auf den Weg. Da kamen zuerst die Beine eines Mannes ins Gesichtsfeld und langsam die ganze Person: Hartmann pirschte die Wiese runter. Deutlich erkannte ich ihn an seiner Statur. Schorsch knurrte zornig weiter. Da mußte ihn Herbert gehört haben. Er verhielt kurz, um zu lauschen und kam dann raschen Schrittes unter meinen Hochsitz.

So standen wir uns lachend und doch ungläubig gegenüber, ich auf dem Hochsitz und Herbert Hartmann auf dem Waldweg. Er hätte mich nicht bemerkt und ich hätte ihn nicht wahrgenommen, . . . wäre Schorsch, der unbestechliche Schorsch, nicht bei mir gewesen.

Staatsjagd im Soonwald

Der Wald, das Wild und auch die Forstbeamten des Staatsrevieres im Soonwald mit den Forstämtern Neupfalz und Entenpfuhl im Hunsrück interessierten mich stets und so suchte ich jedes Jahr zu erfahren, was es dort Neues gäbe, zumal der zuständige Forstamtsleiter Albert, aus meinem Jagdkreis stammt und in Flomborn nahe Verwandte hat. Ähnlich geht es mir mit dem Forstamt Johanniskreuz in der Südpfalz. Der Traum, den ich öfters träumte, mal auf Rotwild jagen zu können, bezog sich meist auf den Soonwald, den Wald des Schinderhannes. Da kam ich beinahe per Zufall zur Rotwildjagd nach Schottland und hatte Waidmannsheil. Schottland war für mich ein ungeheures Erlebnis und weckte natürlich den Wunsch, auch mal in der Heimat auf den Hirsch jagen zu können. Aber kaufen wollte ich mir keinen Abschuß, das wäre zu einfach. Über den Jagdverband einen Abschuß zu beantragen, das wollte ich ebenfalls nicht, das sollte revierlosen Jägern vorbehalten bleiben. Also überließ ich es einfach dem Zufall – irgendwann würde es mal klappen.

Da bekam ich eines schönen Tages, im Herbst 1975, aus heiterem Himmel eine Einladung des Ministeriums für Landwirtschaft, Weinbau und Umweltschutz, zur Staatsjagd in den Soon. Ich machte einen Freudensprung und konnte es nicht erwarten bis der Tag X kam. Mit dem Herrn Präsidenten Fischborn vom Bauernverband Rheinhessen fuhr ich los in den Soonwald. Dort traf ich mit einer großen Zahl, mir auch persönlich bekannter Herren aus allen Bereichen des öffentlichen Lebens von Rheinland-Pfalz zusammen, soweit sie Jäger waren. Jagdherr war unser Landwirtschaftsminister Meyer. Prominentester Jagdgast war Bundeslandwirtschaftsminister Ertl. Wir wurden in zwei Gruppen eingeteilt und fuhren mit Bussen ins Revier. Dort stellten uns Forstbeamte an. Die Minister Ertl und Meyer standen auf einer Anhöhe, wo das Fichtenholz etwas licht war und Einblick gewährte. Ich stand im Treiben ziemlich talabwärts vor undurchdringlicher Fichtendickung. Außerdem war die Schußschneise sehr schmal. So konnte ich nach den Geräuschen nur erahnen, was in der Dickung vor sich ging; denn sehen konnte ich nichts. Die Treiber gingen nach dem Anblasen von zwei Seiten das Treiben an, kreuzten sich in der Mitte und gingen wieder auseinander. Dann fielen einige Schüsse. Herr Baumann unter mir schoß einen Spießer, und Ertl soll auch dazu gekommen sein, wie ich später hörte, ebenfalls mit Erfolg. Fischborn hatte Anlauf, schoß aber vorbei. Er hat im Krieg einen Arm verloren und hatte Schwierigkeiten mit dem einen verbliebenen Arm auf schnell anwechselndes Wild rechtzeitig fertig zu werden. In weiteren Treiben hatte ich dann endlich Anblick, und was für einen! Es waren kapitale junge Hirsche, die aber nicht geschossen werden durften, die meinen Stand überfielen. Bei diesem ersten Besuch im Soon konnte ich mir jedenfalls mal eine gewisse Vorstellung machen, wie da so alles läuft, und wie die es da machen. Mir wurde klar, daß die getriebenen Hirsche sich meist an die Wechsel hielten. Und die Herren, die da abgestellt wurden, hatten die größten Chancen, also genau wie bei uns mit dem Schwarzwild. Ausnahmen bestätigen die Regel. Obwohl ich kein Waidmannsheil gehabt hatte, war ich doch sehr angetan. So durfte ich einem Kreis angehören, der die Ehre

hatte, eingeladen zu werden. Die Gäste selbst waren durch die Bank weg interessante Leute, mit denen ich mich sehr gut unterhalten und ab und zu noch etwas hinzulernen konnte. Auch knüpfte ich Kontakte zu Personen, die ich vom Hörensagen kannte, oder mit denen ich sonst nur dienstlich zu tun hatte.

Im Jahr darauf, 1976, erhielt ich wieder die begehrte Einladung. Sie kam, als wir gerade von unserem zweiten Schottlandaufenthalt zurückkamen. Diesmal nahm ich meinen „Schorsch", den guten Jagdterrierrüden, mit; denn auf der Einladung stand, daß gute Hunde willkommen seien. Ich übergab ihn einem Treiber, der ihn schon nach dem ersten Treiben verlor — der Hund suchte mich. So war die Hundeleine beim Treiber und der Hund bei mir, und ich demonstrierte meinen Mitjägern, die fast alle keine gute Meinung vom Terriergehorsam hatten, wie folgsam ein „ungehorsamer, wilder" Jagdterrier parieren konnte, wenn er richtig erzogen ist. Mein Forstbeamter erlaubte mir, den Hund ins Treiben zu entlassen, wenn die Treiber auf meiner Höhe waren. Ich saß auf meinem Sitzstock an der linken Seite des Treibens, und es wurde von links nach rechts oben getrieben. Von mir ab ins Treiben ging ein leicht bewachsener Weg, so daß ich und mein Hund alles sehen konnten, was in dem Bereich auf- und abwechselte. Trotz lautem Jagdlärm saß mein Schorsch eifrig zitternd neben mir bei Fuß unangeleint und blickte interessiert in den Weg. Da drückte sich auf einhundert Meter ein Fuchs, und Rotwild suchte den Treibern auszuweichen, ohne die große Dickung zu verlassen. Schorsch gehorchte mir sagenhaft, kein Piepser, keine Anstalten loszubrechen, nur ein Vorderlauf zitterte nervös. Ab und zu blickte er mich mit seinen braunen Hundeaugen an, als wollte er sagen: „Na, jetzt laß mich doch auch rein!" — Neben mir links stand in ca. einhundert Meter Entfernung der Kammerpräsident a. D. Andres aus Bad Kreuznach, rechts oberhalb von mir Präsident Herrmann Fischborn und hinter dem Weg, auf dem wir standen, war ein eingezäuntes Waldstück — da konnte beim besten Willen nichts anwechseln, dachte ich. Als die Treiber näherrückten, überfiel ein einzelnes Stück Kahlwild die Schneise vor mir in Richtung Anhöhe und Schorsch sah es, sah mich wieder an und ich schickte ihn auf den Weg. Ich war gespannt, was er mit diesem Wild, das er noch nicht kannte, anstellte. Er suchte die Fährte, fand sie und schon war er rechts in der Dickung verschwunden, als gerade die Treiber auf der Schneise vor mir erschienen. Kurz darauf gab er Laut. Das Geläute kam nach einiger Zeit wieder zurück in meine Nähe. Kahlwild und Hund gingen vor mir über die Schneise nach links. Er hatte also das einzelne Stück wieder zurückgeholt, aber ich durfte nicht ins Treiben schießen. Ich war fertig zum Schuß und gespannt. Da stürzte das Tier zwischen Andres und mir aus der Dickung über den Weg gegen den Maschendraht. Und schon war meine Kugel draus, aber eine Sekunde zu spät; der Hirsch wurde zurück in den Graben geworfen. Jetzt war auch der Hund wieder am Stück. Da stand Andres in der Schußrichtung. Das Stück flüchtete jetzt auf dem Weg schräg auf mich zu, der Dickung entgegen. Als Andres aus der Schußrichtung war, löste ich die Brenneke, traf Blatt und das Stück rutschte vor mir in den Graben. Erleichtert darüber, einmal, daß Herrn Andres nichts passiert war, denn der Schußwinkel war doch bedenklich spitz gewesen, und zum anderen, daß ich endlich mal im eigenen Lande ein Stück Rotwild geschossen hatte, ging ich auf die Jagdbeute zu, an der Schorsch rumzerrte und knurrte. Gleichzeitig kam Herr Andres auf mich zu und gratulierte – und schon war Schorsch an seinem Bein. Ich mußte den Hund auf den Arm nehmen und ihn beruhigen! – Auch Fischborn kam hinzu, gratulierte und meinte, daß ich unerhörtes Waidmannsheil gehabt und schon bei der zweiten Einladung Erfolg gehabt hätte. Er käme schon jahrelang als Gast, und nur selten hätte es geklappt. Beinahe verlegen reagierte ich und sagte, daß ich eigentlich dieses Waidmannsheil nur meinem Hund zu verdanken hätte. Andres und Fischborn konnten ja das Verhalten meines Hundes beobachten und berichteten auch später darüber, daß mir mein

Schorsch regelrecht das Stück zugetrieben hatte. So war ich recht froh mit der Leistung von Hund und Jäger. Gegen Abend wurde bei flammendem Holzfeuer Strecke gelegt und ich nahm dankbar aus der Hand meines Landwirtschafts-Ministers Meyer den Schützenbruch entgegen.

In dichtem Nebel bin ich später mit Herrn Fischborn nach Hause gefahren, zog mich bei ihm um, weil ich noch an dem Hubertusfest unserer Kreisgruppe in Alzey teilnehmen wollte. Dort hatte sich durch einen anderen Teilnehmer an der Jagd mein Waidmannsheil herumgesprochen und als ich erschien, blies unsere Bläsergruppe mir zu Ehren „Hirsch tot". Es war ein herrlicher Jagdtag und ein ebenso herrlicher Abschluß.

Maria, Georg und der Botschafter

Warum gehen Jäger nach der Jagd lieber in die Kneipe, als nach Hause!???

Das ist zweifelslos eine, für die Jäger ungeheuer wichtige Frage. Für alle diejenigen, die sich diese Frage noch nicht vorgelegt haben und jene, die sich noch nicht schlüssig sind, warum sie in die Kneipe gehen nach der Jagd und nicht nach Hause, mag nachfolgender Beitrag die sehr logische, einleuchtende Antwort geben:

Sie wurde beantwortet von seiner Exzellenz, dem Botschafter der damaligen Volksrepublik Bulgarien, in Bonn, Herrn Evtimov, und zwar in der Gemeindegaststätte zu Flomborn, selbstredend nach einer Treibjagd.

Wie ein Botschafter nach Flomborn kommt, ist eine weitere Geschichte, die ich aber gern in der gebotenen Kürzung sämtlicher Begebenheiten erzählen will:

Der Deutsche Bauernverband bat uns vom Rheinhessischen Berufsverband, eine bulgarische Delegation durch Rheinhessen zu führen. Unser Präsident Fischborn, Hauptgeschäftsführer Sebastian und ich zeigten den Bulgaren unser schönes Rheinhessen aus landwirtschaftlicher Sicht. Am Abschiedsabend, bei dem auch Präsident Frh. von Heereman und sein Generalsekretär Dr. Schnieders anwesend waren, zogen wir in der Rottisserie Dubbs in Worms-Rheindürkheim zusammen mit den Bulgaren ein Fazit ihrer Besuchsreise. Die Bulgaren waren mit unserer Vorbereitung und dem Programm sehr zufrieden und bedankten sich, in dem sie uns zu sich einluden. Diese Reise hat stattgefunden. Fischborn, Sebastian und ich waren dort. Wir haben Sofia, Plovdiv, Warna, Russe und viel Landwirtschaft besichtigt – und wir sind zur Jagd gegangen. Im Staatsrevier Scherba, nahe Warna, schoß Hermann Fischborn gleich am ersten Abend, nachdem wir Probeschüsse absolviert hatten, einen guten 2 b-Hirsch. Bei mir klappte es nicht, obwohl ich guten Anblick hatte. Abends gab der zuständige Forstamtsleiter Kirow ein kleines Fest mit üppiger Tafel und volkstümlichen Einlagen, vorgetragen von den männlichen und weiblichen Bediensteten des Forstamtes. Es war schon schön, hatten wir doch Fischborns Hirsch zu feiern. Zudem waren die Bulgaren sehr gastfreundlich: Wir waren begrüßt worden mit deutschen Jagdhornsignalen.

Die Frühpirsch war ergebnislos verlaufen. Es gab viel Wild, viel Anblick, aber der richtige Hirsch für mich war wieder nicht dabei. Kirow und der Vertreter der staatlichen Organisation für den Bezirk Warna, ein Herr Tabakow, zeigten uns das ca. 35000 Hektar große Revier und auf einer Schaffarm aßen wir zu Mittag. Das Essen roch, wie ich mich erinnere, intensiv nach Schaf und wir bekamen Kuddeln. Fischborn mochte das nicht essen und schob mir seinen Teller zu, entschuldigte sich beim Gastgeber irgendwie mit Problemen mit seinem Gebiß. Jetzt mußte ich gute Miene zum bösen Spiel machen und die doppelte Portion der Eingeweide essen. Dem Schicksal, Kuddeln essen zu müssen, entging Fischborn letztlich doch nicht, denn die aufmerksamen Gastgeber bereiteten eigens für ihn als Gebißträger ein leicht zu kauendes Hascheeessen aus ... Kuddeln. Mit rollenden und tränenden Augen und viel Wodka hat er dann mannhaft das „Zeug“ hinuntergewürgt. Ich dagegen hatte ein saftiges Rindersteak, das ich nicht mehr mit ihm tauschen wollte, auf das er neidisch hinsah. Es gäbe noch viel zu erzählen von dieser Reise und im Besonderen von diesem Tag: Denn auf Sebastians und meinem wiederholten Hinweis über das besonders gute Schafessen, erwiderte Fischborn genüßlich, falls ich keinen Hirsch mehr erlegen würde, sollte ich doch mal zur Abwechslung einen Schafbock

schießen. Da stünden ja genug herum, still halten würden sie auch und wären schließlich was Exzentrisches an meiner Trophäenwand — und riechen könnte meine Frau, was ich für ein Tier geschossen hätte, zu jeder Stunde. — Wir hatten ein solches Vergnügen, daß der Fahrer des VW-Kombis, obwohl er kein Deutsch verstand, Tränen in den Augen hatte, weil er sich durch unser Gelächter anstecken ließ.

Gegen Abend wurden wir in Warna erwartet, aber ich hatte meinen Hirsch noch nicht. So wurde die Fahrt zu gunsten eines weiteren Ansitzes verschoben.

Mit einem Jeep, russischer Bauart fuhren Sebastian, ein Jagdführer, Fahrer und ich ins Revier. Auf einer offenen Kanzel nahmen wir Platz, aber es war keine Wildbewegung. Erst als es zu dunkeln begann, zeigte sich zwischen am Boden liegendem Geäst in etwa 200 Meter Distanz ein Hirsch und zwar ein ganz kapitaler. Ich bekam Feuererlaubnis und schoß, wohl der vielen Äste wegen, am Hirsch vorbei! Das Echo des Knalles brach sich im gegenüberliegenden Hang und jagte den Hirsch zu uns herauf. Der Jäger und ich aber waren schon vom Hochsitz gestiegen und liefen dem Hirsch direkt vor die Läufe. Der bemerkte uns glücklicherweise nicht, da er fortwährend nach unten sicherte. In aller Eile und gehörig aufgeregt, suchte ich das Blatt und schoß. Sebastian sah, wie der Hirsch die Kugel quittierte und in den Wald preschte. — Am Anschuß lag Schweiß, aber eine Nachsuche war bei anbrechender Dunkelheit nicht mehr durchzuführen. Mit Verspätung fuhren wir nach Warna, und mich plagten erhebliche Zweifel, da ich unter großer Anspannung geschossen hatte und nicht wußte, ob ich richtig abgekommen war.

Erst am übernächsten Tag, als wir schon abends in Russe an der Donau zu Nacht aßen, kam die Nachricht aus Scherba, daß ein guter ungerader Vierzehnender vom elften Kopf auf der Strecke läge. Meine Freude und die meiner Mitgäste war groß und die Nachricht wurde mit viel Krimsekt begossen.

Tags darauf flogen wir nach Sofia zurück. Der letzte Tag in Bulgarien war angebrochen. Zum Abschiedsessen waren erschienen: die Justizministerin Frau Jaskalowa, der Minister für Forsten, Stamenow, die „Murgasch“ — Herrn Titkow und Tabakob. Während des Essens öffnete sich die Türe und Revierleiter Kirow, eigens aus Scherba angereist, trat herein und überreichte mir auf Fichtenreisig das Haupt meines Hirschen. Zünftig wurde „Hirsch tot“ geblasen und mir der Schützenbruch überreicht — es war ein sehr beeindruckender Augenblick.

Zu Hause angekommen, setzten Fischborn und ich alle Hebel in Bewegung, damit die Landesregierung den bulgarischen Botschafter in Bonn zur Landesjagd in den Hunsrück einladen möge. Eftimov sagte ab. Es kam der Gesandte Nasstev. Daraufhin lud ich den Botschafter für einen späteren Zeitpunkt zu einer Niederwildjagd nach Flomborn ein. Er sagte zu und kam auch mit dem Gesandten, und beide Herrn erlebten einen herrlichen und streckenreichen Jagdtag in einem rheinhessischen Niederwildrevier, wo der vom Tag begeisterte Botschafter während des Schüsseltreibens aufstand und die Dankesrede hielt. — Ich will nun versuchen, seine Worte wiederzugeben, die er an uns richtete:

„Libbe Freinde,
es war ain scheener Jachtach gewessen heite. Ich habbe serr viel geschießt. — Dafir ich will mich bedanken. — Aberr, ich will mich auch bei Innen revanchieren: Ich ladde Sie alle ein nach Bulgarien auf Jacht, . . . wenn Sie kennen saggen: waarumm gehn Jägger nach Jacht vill libber in Wirtshaus, waarumm gehn Jägger nicht sofort nach Haussee?“

Niemand der Anwesenden konnte seiner Exzellenz eine zufriedenstellende Antwort geben, also sagte er:

„Sie habben leider, leider eine fir Sie serr wertvolle Preisfragge niicht gewußt, dennoch ich will Sie nicht im Unklarren lassen, warum gehn Jägger libber in Wirtshaus, . . . und da ist die Geschiichte:

Georg will gehn auf Jacht, und Maaria sein Weib sackt: Waarumm, Georg Du gehst immer nach Jacht in Wirtshaus? Komm doch nach Hausse nach Jacht!"

„Ja," überlekte Georg, „. . . wenn Du maachst, wie in Wirtshaus, ich komme nach Hausse nach Jacht!"

„Ja, Georg" sackt Maria, „Mach ich – ich mach alles, was Du sackst!"

Nach Jacht also kam Georg mit drei Freinde zu Maaria nach Hause mit dreckiken Stiffeln und villen Durst.

Maaria springt in Vorratskahmer holt Wein, Birr und Schnaaps. Abär Jächer habben auch Huunger. Georg sackt, Maaria, geh, hol uns zu essän.

Maaria reißt Augen auf, besinnt sich abär und maacht, waas sie geheißen!

Schlimmer noch als Hunger war Durst der Männer und Maaria wurd es sehr bangge, aber sie hält sich zurick, weil versprochen. Georg spirrte Alkohol, kommt in Fahrt, wie immer, wenn auf Kirmes, und erzählt ville Witze – wo niicht stubbenrain. –

„Ich will Gesellschaft, ich will Freinde, wie in Wirtschaft!" Georg zu Maaria: „Geh ribber zu Nachbarschaft, sie sollen kommen und hibsche Tanja auch."

Maaria ärgert sich schräcklich, daß sie hat gesackt, Georg soll kommen nach Hausse, – abbär sie schluckt. Nachbarn kommen und Tanja muß sitzen auf Schoß von Georg, där nun sackt: „Neilich ich war auf Jacht in Vitoschaberge und hab geschossen kapitalen Hirsch. Abär Staat in hat behalten, soo guud war Hirsch." – Alle gröhlten Waidmannsheil, weil kein Mensch hat gewußt, daß Georg hat geschossen gudde Hirsch in Vitoschaberge. Abär Georg sackt prost mit Schnaps, kneift Tanja in Popo, die schreit, und alle Leite lachen. Da erzählt Georg neie Geschichte von Jacht und alle Leite in Stube höhren zu. Nur Maaria steht hinten und hat vill Wutt.

„Unser Prääsident, der Schivkov, macht Staatsbesuch in Aalaska, – weit weg von hirr – und sackt: Georg, Du mußt mich begleiten, denn Du bist guuder Maan." Leite in Stubbe hören gud zu und sind ruhiig. „Wir warren in einsames Jachtkämp, wirr sollten jaggen, firchterlich gefäährrliches Grizzli. Eines Tages wirr sahen Grizzli. Doch, waass maacht Grizzli?? ... Grizzli macht Angriff auf Schivkov! — was soll iich maachen? — Ich nähme meine Bichse, leg an und schieß Grizzli kapuut, grad wie er will machen Schivkov kapuut! ... Sooo ich habbe meine Präsident gerett das Läbän!"

Die Leite staunen vor dise große Leistung von Georg und in Kiche war alles still. — Nur Maariia kann sich niicht mähr halten zurick, — das warr zuvill fir si. So sie platzte heeraus mit zoorneesrootem Kopf:

„Ooooh, Georg, wass biist fir ein eelender Aufschneider, Duu, wass biist ein errbärmlicher Liigner, Duu, Aalles, abbär auch aales, was hatt Georg ebben erzählt, iist Liigee, Niemals hat der Hirsch derschossen, Niemals hat der gekennt Schivkov, niemals hat der gekennt Aalaska, ... und einen Bärren, einen Bärren?, ... den hat er Eich aufgebundden soebben."

Breitbeinig stand Maria vor Georg, stemmt Arme in Seite und schrie Mann an:

„Na, Mann, was sackst Du jetzt?"

Da iist Georg aufgeestanden — gaanz langsam, warr säär ruhig und hat angeschaut seine Maaria und sackt:

„Siiehst Du, Maaria, waas soll ich sacken. Iich sacken niix. Abber, *deshalb* gähn Jägger nach Jacht vill libber in Wirtshaus!"

Die „wilden“ Pferde von Hassel

Durch unsere Jagdhunde begann eine Jagdfreundschaft zwischen einem passioniertem Heidejäger und mir. Stand anfangs die Hundezucht im Vordergrund, waren es bald die gegenseitigen Jagdeinladungen.

Sein Revier ist ein typisches Heiderevier: keine Hügel, keine Täler, sondern eben und flach. Wald- und Weideflächen wechseln sich ab und sind mit gefüllten Wassergräben durchzogen. Wald und

Weide sind lange nicht so üppig, wie bei uns, denn der Boden ist sandig und mager. Wenn es nicht regnet, wächst selbst bei guter Düngung nicht viel auf den landwirtschaftlichen Nutzflächen, da der Boden die Feuchtigkeit nicht halten kann. Die jährlichen Niederschlagsmengen sind höher als bei uns in Rheinhessen.

Die Landschaft ist der ideale Lebensraum für Damwild, das der damalige Kreisjägermeister und Gutsbesitzer Christof Glander aus Verden an der Aller vor dem Kriege eingebürgert hatte. Auf einen solchen Damhirsch zu weidwerken, hatte mich Freund Werner eingeladen. Ich habe mich aus ganzem Herzem über diese Einladung gefreut, denn ich liebe die herbe, geheimnisvolle schöne Lüneburger Heide. Sie ist die Heimat meiner Frau und weckt stets Erinnerungen an die Zeit, in der wir uns kennenlernten, und ich mit ihr die Heide durchstreifte.

Etliche Male saß ich abends an und hatte großartigen Anblick: Zwischen den auf der Koppel grasenden Pferden, stand Reh- und Damwild, leider aber nicht der freigegebene Spießer.

Tags über ging ich meinen Geschäften nach und kehrte abends rechtzeitig zur Jagdhütte und ins Revier zurück.

Als wieder der Abendansitz erfolglos verlief, wollte ich es nunmehr mit einem Ansitz im Morgengrauen versuchen. In noch stockdunkler Nacht, nur halbwegs ausgeschlafen, brach ich auf, fand mit Hilfe meiner Taschenlampe über sandige Feldwege, Pirschsteige, Stacheldrahtumzäunungen, Wassergräben und etliche Waldparzellen meine Kanzel. Die durchnäßten Schuhe ließen keine Müdigkeit mehr aufkommen: Ich war hellwach. — Langsam begann es zu tagen, wurde hell und heller und bald fielen die ersten Sonnenstrahlen durch das Geäst und vertrieben den weißen Bodennebel von der Wiese.

Ich entdeckte zwischen den grasenden drei Pferden etliche Rehe, die ich von den Ansitzen zuvor schon kannte. — Silbrig ließ alsbald die Sonne das nasse Gras der Wiese erglänzen. —

Um neun Uhr, ich dachte schon, daß der richtige Zeitpunkt des Ansitzes bald zu Ende sei, — trat ein Stück Damwild aus dem Birkenwald, das ich ohne Mühe sofort als den besagten Damspießer ansprechen konnte. — Im Nuh war ich fertig, stach die Waffe ein, denn das Stück zog eilig dem gegenüberliegendem Waldstück zu. Als es am Waldrand angekommen, kurz verhoffte, fiel der Schuß und warf den Spießer zu Boden. Aber zu meinem Schreck versuchte er, wieder hochzukommen. Sofort lud ich meinen Drilling nach und schoß nochmal. Doch da kamen, zu meinem großen Erstaunen, die drei Pferde in Fahrt. Sie hatten genau zwischen dem Hirsch und mir gegrast und den ersten Schuß kaum beachtet. Jetzt aber vollführten sie große Sprünge, sausten wie wild auf der Wiese umher, wieherten dabei und schlugen mit den Hinterhufen aus. – Nun war ich doch etwas nervös, einmal, weil der Hirsch immer noch nicht verendet war, ich meine letzte Kugelpatrone verschossen hatte, und ich nicht wußte, warum wohl die Pferde so aufgeregt auf der Koppel herumgaloppierten. –

Da die Entfernung zum Stück immerhin etwa 120 bis 140 Meter betrug, beschloß ich, eiligst abzubaumen, um ihm auf kurze Distanz mit einem Flintenlaufgeschoß den Fangschuß anzutragen. Es mußte in der Tat jetzt schnell gehen, denn die unruhigen Pferde müdeten immer wieder den Hirsch auf. – Im Hineilen zu dem Stück, öffnete ich mein Gewehr und entdeckte überrascht, daß ich mit dem zweiten Schuß nicht die Kugel, sondern in der Aufregung eine Schrotpatrone verfeuert hatte. – Jetzt wurde mir auch plötzlich klar, warum die Pferde so verrückt gespielt hatten: ihnen waren die Schrotkugeln um die Ohren gesaust und wahrscheinlich hatten sie auch welche abbekommen. – Noch im Voraneilen wurde mir die Komik der Situation bewußt und ich mußte fürchterlich lachen, sodaß der anschließende Fangschuß mit der nun wirklich letzten Kugel auf den Hirsch gewaltig an Dramatik verlor.

Über den Vorfall habe ich Freund Werner nichts gesagt und hoffte, daß den Gäulen nichts Ernsthaftes widerfahren ist. Ich habe aber auch im Nachhinein nichts mehr darüber gehört.

Die Schießprüfung

1986 trat unsere jüngste Tochter Suzanne ihren ersten Job als Sekretärin in der Geschäftsstelle des Deutschen Jagdschutzverbandes in Bonn an. Sehr bald merkte sie, daß sie jägerisches Grundwissen kennen sollte, um ihre Arbeit besser leisten zu können. Sie meldete sich bei der dortigen Kreisgruppe als Anwärterin auf den Jagdschein an und besuchte von nun an alle Vorbereitungskurse. Da sie zuerst etwas Schwierigkeiten mit dem Schuß auf flüchtiges Wild hatte, übte sie zusammen mit zwei pensionierten Offizieren der Bundeswehr, die ebenfalls den ersten Jagdschein erwerben wollten.

Die Prüfungstage rückten näher, als Suzie immer nervöser wurde und prophezeite, daß sie die Prüfung, vor allem die Schießprüfung nicht schaffen werde.

Suzanne ist sehr ehrgeizig, und ich wertete ihren nervösen Zustand als Lampenfieber. Schließlich ist es ja bekannt, daß Jägerprüfungen nicht in den Schoß fallen. Sie jedoch, sagte mir, daß alle anderen, besonders die Offiziere viel besser schießen würden. Sie würde nur acht bis zehn Tontauben treffen. Ich beruhigte sie, weil ein solches Trefferergebnis noch ausreichend ist. Ich weiß allerdings auch, daß das Lampenfieber oftmals übermächtig ist, und gerade beim Schießen viele Kandidaten straucheln. Ständig telefonierten wir miteinander und ich gab ihr gute Ratschläge.

Sehnlichst erwartete ich ihren Anruf am Abend nach der Schießprüfung und als er kam, schallte es befreiend aus dem Hörer:

„Vater, ich habs geschafft!"

Ich gratulierte ihr und war froh, daß sie die nicht leichte Hürde überwunden hatte, denn den schriftlich und mündlichen Teil würde sie mit Leichtigkeit schaffen. Da kam der Nachsatz: „... aber die beiden Offiziere haben die Schießprüfung nicht bestanden!"

„Haa-Bee!“

Willi und Jakob sind Freunde, sind Jäger und beide sind schon Rentner. Willi war Bäckermeister und Jakob Bauunternehmer. Willi ist schon lange Jäger, von Kindesbeinen an, während Jakob erst später zur Jägerei fand. Dementsprechend holprig war seine jagdliche Ausdrucksweise. Das hörte sich etwa so an:

„Du, – Willi, – ich hab einen „schönen“ Bock gesehen!!“

„Jakob, wie oft soll ich es Dir noch sagen: es gibt keine „schönen“ Böcke, allenfalls kapitale, – oder so!“

Willi will nun wissen, was besagter Bock für einen Kopfschmuck trägt:

„Was hat der Bock denn auf?“

Jakob: „Ei, – die eine Stange ist etwas länger als die kürzere!“

Einmal fuhren die beiden zusammen mit dem Auto ins Revier von Bastenhaus am Donnersberg nach Marienthal. Die Straße ist abschüssig. Rechts der Straße steht Wald und linker Hand sind Wiesen. Jakob saß am Steuer und Willi schaute in die Wiesen in der Hoffnung, Rehwild zu entdecken.

Urplötzlich deutet Willi, an der Nase des Freundes vorbei, nach links, und sagt aufgeregt: „Dort, Jakob, schau, – dort steht ein Bock!“

Jakob erschrak und guckte nach links in das Tal – und es kam, was kommen mußte, – er fuhr mit seinem Auto in den Straßengraben.

Jakob war wütend auf den Freund, weil er ihn erschreckt und abgelenkt hatte und weil er jetzt im Graben lag. Willi dagegen fauchte zurück, daß Jakob ja hätte besser aufpassen müssen.

Sich die Meinung sagen, half nun ja nicht weiter, und da Jakob nicht aussteigen konnte, weil die Autotür sich nicht öffnen ließ und er ein recht beleibter Mann war, sagte er besonders betont:

„Willi, da Du mich in die vertrakte Situation gebracht hast, mußt Du jetzt runtergehen nach Marienthal zum Bauern Becker. Der soll mit dem dreißiger Deutztraktor hochkommen und mein Auto aus dem Graben ziehen. – Ich bleibe hier und warte, bis Du wiederkommst. – Ach, daß ich es nicht vergesse, bringe mir bitte eine Schachtel Zigaretten mit, Du weißt ja, Haa-Bee!"

Wohl oder übel stieg Willi mühsam aus dem um 45 Grad geneigten Wagen und eilte bergab, um Hilfe zu holen.

Vor dem kleinen Dorf Marienthal angekommen, hörte Willi, wie Jakob mit einem Male zu hupen anfing. Schrill und ohne Unterbrechung heulte dieser schreckliche Ton durch das Tal. – Willi befürchtete Schlimmes. Sollte dem Freund doch etwas widerfahren sein, als er in den Straßengraben gefahren war?

Willi kehrte umgehend um und hastete, so gut, wie es ihm mit seinen über siebzig Jahren möglich war, den steilen Berg nach oben und erreichte, kurzatmig geworden, und patschnaß geschwitzt den Jakob.

Jakob jedoch saß gelassen und freundlich gestimmt in seinem Wagen, hatte seinen linken Ellenbogen in das heruntergelassene Autofenster gelegt, paffte eine dicke Zigarre und hörte schöne Melodien aus dem Radio.

„Jakob", bricht es aus dem erschöpften Willi hervor, „was ist los mit Dir? – warum hupst du so schrecklich?"

„Miir geht es gut," sagt Jakob, „aaber hab ich Dir das gesagt? Ich brauche noch Haa-Bee!"

Der besondere Geruch

„Günther, sage einmal, – was ist mit Dir?" sagte Hermann Fischborn vor einiger Zeit abends nach der Jagd zu mir.

Hermann Fischborn, ein bekannter Bauernpräsident in Rheinhessen und mein Vorgänger, ist Jäger und wir beide sind oft gemeinsam zu Jagden eingeladen und eben da auch oftmals Nachbarschützen. Wir beide verstehen uns und sprechen miteinander deutsch, das heißt Klartext. – Jetzt wußte ich nicht recht, was er meinte.

„„Was soll mit mir sein? – Nichts ist mit mir! – Mir fehlt nichts!"

„Doch, doch – an Dir ist so etwas, was an mir und den anderen nicht ist!"

Ich war ratlos, schaute ihn verwundert an und wußte im Augenblick nicht, wo hinaus er wollte!

„Hast Du," fuhr er fort, „. . . einen besonderen Geruch an Dir? Riechst Du anders, als die anderen? – Ich meine: Hast Du einen besonderen Körpergeruch oder . . . Schweißfüße . . . oder so?"

Sein Gesicht bekam einen schelmischen Ausdruck.

Ich wieder ahnungslos:

„Also, wenn Du das meinst: Ich wasche mich täglich!"

„Von oben bis unten?"

„Ja, von oben bis unten, vom Kopf bis zur Sohle, – sogar mit Seife. Putze zweimal meine Zähne und kämme auch das Haar!"

Ich war ehrlich irritiert. Kam jetzt wieder einmal einer der berühmten Fischbornschen Schwänke? – Oder nach was rieche ich nun wirklich?

Hermann: „Das meine ich nicht!"

Ich drängte. „Los, raus mit der Sprache, was soll mit mir sein!"

„Günther, Du mußt einen Geruch an Dir haben, der das Wild anzieht. Heute habe ich es wieder erlebt. Man kann Dich abstellen, wo man will und ist es an einem belebten Waldparkplatz: Bei Dir kommt das Wild und Du hast Waidmannsheil. Das kommt doch nur davon, weil Du einen besonderen Geruch verbreitest, der das Wild anlockt. Eine andere Erklärung habe ich nicht!“

Ich mußte lachen, Hermann lachte, alle Herrn im Polizeibus bei dieser Staatsjagd lachten. – Ich hatte tatsächlich heute wieder unverschämtes Waidmannsheil gehabt: Keine hundert Schritt stand ich in einem engen Waldweg von einem belebten Waldparkplatz entfernt. Kein Mensch hätte vermutet, daß hier Wild anwechselt, – auch ich nicht. Dennoch kamen Alttiere, Schmaltiere und Kälber und ich zum Schuß.

„Hermann, Du hast recht, irgend ein Geruch muß wohl an mir sein!“ Eine andere Erklärung habe ich auch nicht –!“

Spröde Lippen

Treibjagd ist in der winterlichen, fast baumlosen Flomborner Feldmark. Es ist kalt und es weht ein steifer Ostwind. – Dick sind die Jäger eingehüllt und gehen vornübergebeugt gegen den Wind an. Neben meinem Großvater geht ein bekannter Gutsbesitzer, der hat rote, krustige Lippen, aufgesprungene Lippen. Mein Großvater hat das schon bei der Begrüßung am morgen gesehen. Jetzt muß der Wind sicher die Lippen sehr schmerzen lassen. Wie vorausgesehen, sagt der Jäger zu meinem Großvater:

„Der scharfe Wind brennt aber ganz gehörig auf meinen wunden Lippen!"

„Haben Sie denn keine Salbe dabei? – Nivea oder so was ähnliches?"

„Nein – ich habe nichts dabei!"

„Dann versuchen Sie es mal mit der ..." und der Großvater gibt ihm sein eigenes Salbendöschen.

Der Nachbar öffnet es, holt mit dem Zeigefinger etwas Salbe aus der Dose und bestreicht damit seinen Mund, seine Lippen.

Die Treibjagd geht weiter – es wird nachmittag, es wird abend. Wieder treffen sich die beiden Männer – mein Großvater und sein Bekannter.

„Ihre Salbe war gut!"

„Ja – ich weiß!"

„Mir hat sie tatsächlich geholfen!"

„Ja – mir hilft sie auch immer!"

„Haben Sie auch öfters spröde Lippen?"

„Nein – ich habe – Hämorrhoiden!"

Ein Alptraum

Gestern war ich bei Dr. Rudolf Maurer, Beamter im Landwirtschaftsministerium in Mainz, zur Jagd in seinem Revier Mainz-Bretzenheim. Wie er sagte, bedankte er sich mit dieser Einladung bei all denen, die ihn stets zu ihren Jagden eingeladen haben, als er noch nicht an einer Jagd beteiligt war. Nun sei er Teilhaber hier und könne sich entsprechend revanchieren. Fast alle bekannten Leute waren da: Jagdreferent Conrad, FD Ballmann, LFM Staege von Entenpfuhl u. a. Es war klirrender Frost, minus acht Grad, der um so kälter wirkte, weil ein steifer Ostwind blies. Da in diesem Jahr im Raum Alzey die Hasenstrecke sehr klein ausfiel (durch Frühjahrsnässe und -kälte) und deshalb vielerorts überhaupt keine Jagden durchgeführt wurden, wollte ich mal sehen, ob das Klima im warmen Mainzer Becken höhere Zuwachsraten hervorgebracht haben würde.

Da saß ich nun, eingemummelt in warmer Wollzipfelmütze, doppelter Angora-Unterwäsche, Pullover und Handschuhen und zitterte schon feste im zweiten Treiben; denn als Standschütze hat man keine Bewegung. Hasen waren nicht viele da oder kamen anderswo vor, so daß ich Zeit hatte, mir die Gegend und Umgebung anzuschauen. Da verlief hinter mir die Eisenbahnlinie Mainz-Bingen, auf der fortwährend Züge vorbeidonnerten. Keine zweihundert Meter dahinter war die Autobahnstraße Mainz — Richtung Bingen — mit einem sagenhaften Verkehr, schlimmer als in Frankfurts Mainzer Landstraße, mit entsprechendem Lärm. Darüber verliefen die Drähte einer großen Überlandleitung, die ständig summten: Und darüber wieder zogen alle drei bis vier Minuten die zur Landung in Rhein-Main ansetzenden großen Flugzeuge mit ihrem hohen Schallpegel. Vor uns das Revierteil, das gerade bejagt wurde. Da waren einige Bagger, die eine Baugrube aushoben. Da waren noch Landwirte, die ihre letzten Zuckerrüben zum Verladen brachten und da waren etliche Spaziergänger, die auf den Betonwegen daherkamen. Einer führte zwei Dackel, die er frei umherlaufen ließ. Neben mir stand ein ehemaliges Bahnwärterhaus, das gerade umgebaut wurde. Es soll ein Bordell gewesen sein! Jedenfalls waren wegen der Kälte die Arbeiten eingestellt, dafür kläfften etwa drei oder vier Schäferhunde. Die gesamte Szenerie wurde umrahmt von den weiß aus der Sonne leuchtenden Häuserblocks von Finthen, Gonsenheim, Mainz, Bretzenheim, Marienborn und schließlich hinter mir vom ZDF-Zentrum Lerchenberg – rauchende Schlote überall mit inbegriffen. Ein gespenstischer Anblick. Jagdvisionen der Zukunft. Alpträume eines Jägers, Mondlandschaft 2000. Überall Straßen, Leitungen, Maschinen, Menschen, Geräusche und dazwischen noch etwas Landwirtschaft, Gemüsebau, Obstbau, Rüben- und Getreidebau. Und da soll gejagt werden! Etwa vierzig Jäger waren anwesend und gute Hunde, Treiber aus dem Dorf, gute Leute, wie man feststellen konnte und Jagdhornbläser, alles bestens organisiert und es gab Wild: 126 Hasen, etliche Fasanengockel, zwei Kaninchen und eine fette Katze, von Dr. Maurer selbst erlegt. Na, da staunt man, daß es so was gibt. Daß die Jäger es fertig bringen, daß hier noch gejagt werden kann! Da sage noch mal einer, daß die Jäger keine Natur- und Wildschützer seien! – Denn gäbe es im Revier Mainz-Bretzenheim keine Jäger, wäre dort kein Wild mehr zu finden. – Ziemlich verwirrt, aber auch steif gefroren, sagte ich Dank für die Corona, alles andere dachte ich noch ziemlich wirr durcheinander.

Der Hochsitz auf der „Heuscheuer“

Um es vorweg zu sagen, die Heuscheuer ist keine Scheune, sondern ein Revierteil. Und was mit dem Hochsitz auf der Heuscheuer passierte, geschah vor meiner Zeit. Ich hörte es von meinem Vater, von meinem Großvater und von der Oma auf der Kohlhütte:

Mitten in einer etwa ein Hektar großen niedrigen Mischkultur stand und steht heute noch eine alte knorrige Eiche. Ringsum ist natürlich alles höher gewachsen, aber die Eiche steht immer noch. Und man kann heute noch erkennen, wo dort der Hochsitz stand. Jedenfalls stand der Hochsitz in dieser Eiche so gedeckt, daß man einen Jäger darauf kaum erkennen konnte, höchstens der Kopf schaute heraus. Am Hochsitz und der Eiche vorbei führte ein Trampelpfad entlang, den einige Arbeiter vom Dorf Haide zum nahen nordpfälzischen Hartsteinbruch morgens und abends benutzten. Eines schönen Abends bezog mein Großvater den Hochsitz, denn in der jungen Kultur traten gerne die Rehe aus, um zu äsen. Da kam müde von der Arbeit der alte Burgdörfer von der Haide daher und war auf dem Weg nach Hause. Als er unter dem Hochsitz angekommen war, sagte mein Großvater zu ihm: „Guten Abend, Herr Burgdörfer!“ Erschrocken, und wie vom Blitz getroffen, fuhr Herr Burgdörfer herum, suchte meinen Großvater auf dem Baum, sah

ihn aber nicht, dann grüßte er zurück und sagte: „Guten Abend, Herr Stauffer“, und ging seines Weges.

Einige Tage später saß mein Vater auf diesem Hochsitz und wieder kam, als es Feierabend war im Steinbruch, Herr Burgdörfer daher, um nach Hause, nach Haide zu gehen. Vater verhielt sich mucksmäuschenstill, denn er wollte nicht gestört werden, als es plötzlich von unten heraufgrüßte: „Guten Abend, Herr Stauffer.“

Da sagte mein Vater selbstverständlich: „Guten Abend, Herr Burgdörfer.“

Aber wieder fuhr Herr Burgdörfer erschrocken herum, sah suchend auf den Baum und murmelte laut vernehmlich, mit dem Kopfe schüttelnd: „Manchmal sagt der ‚Guten Abend‘ – und manchmal nicht!“

Jagen gestern, heute und morgen

Sie sind am letzten Kapitel angekommem und haben beim Lesen sicher manchmal gelacht und dabei an das Lied gedacht „Gar lustig ist die Jägerei ...“

Aber Jagen und Waidwerk bedeuten nicht nur Vergnügen. Sie haben in unserer heutigen Gesellschaft wichtige Aufgaben zu erfüllen. Dazu gehört vor allem die Erhaltung einer lebendigen, artenreichen Flora und Fauna in der Kulturlandschaft. Das wird von vielen Menschen zustimmend bejaht, aber es gibt auch Gegenpositionen, die allerdings meistens auf mangelndem Wissen, Vorurteilen und Emotionen beruhen.

Umfragen haben ergeben, daß durchschnittlich 80% der Bevölkerung dem Jagdwesen positiv gegenüberstehen. Denn ohne Jäger gibt es keinen ausgewogenen, vielfältigen Wildbestand. Voraussetzung dafür ist

daß Tierarten, die sich stark vermehren, bejagt werden
daß Tierarten, die bedroht sind, geschützt werden
daß die Jäger ausgebildet und befähigt sind.

Die Befähigung dazu müssen sie durch Prüfungen nachweisen.

Jagdgegner behaupten, daß die Jäger das Wild nur hegen, um es später töten zu können. Sie sehen nicht, daß sich die Natur nicht mehr selbst reguliert, und dadurch das Gleichgewicht eines ausgewogenen Wildbestandes gestört wird.

In Urzeiten waren die Menschen Jäger. Sie jagten um zu leben. Die Früchte der Wälder und das Wildpret waren ihre Nahrung, die Häute und Felle benötigten sie für die Kleidung. Als sie seßhaft und Bauern wurden, gingen die Männer weiter zur Jagd, auch um sich vor Raubtieren zu schützen.

Der Urtrieb, zu jagen, ging nie verloren. In allen Völkern von der Antike bis heute wird er beschrieben und dargestellt. Im Mittelalter war die Jagd ein Privileg des Adels. Sie wurde damals zur Kunst verfeinert mit bestimmten Regeln. Die Jagdsprache bildete sich. Berufsjäger wurden ausgebildet und angestellt z. B. als Hundeführer, Falkner, Parvorce-Jäger. Der freie Mann war von der Jagdausübung ausgeschlossen und versuchte während der Bauernkriege erfolglos, sie zurückzugewinnen. Ab 1798 begann die Befreiung des Grund und Bodens von fremden Jagdrechten, die zur Folge hatte, daß fast alle Tierarten vor der Ausrottung standen. Bär, Wolf und Luchs z. B. sind damals ganz aus der deutschen Wildbahn verschwunden.

Darum war es wichtig, daß die Jagdgesetze geschaffen wurden. Sie bewirkten eine geordnete Jagdausübung vor dem Hintergrund der Hege und des Jagens. Die heutigen Jagdgesetze sind sehr streng. Sie sind so gut, daß sie von vielen Staaten der Welt übernommen worden sind. Sie verlangen z. B. unter anderem, daß jeder Jäger eine umfassende Ausbildung erhält und zum Abschluß eine dreiteilige Prüfung bestehen muß, die er nur einmal wiederholen kann und Jahre später erst ein 2. Mal. Nach erfolgreichem Abschluß kann er nicht, wie es in dem alten Jägerlied heißt, jagen: „soweit die braune Heide reicht", sondern er braucht entweder ein eigenes Revier, oder er ist auf Einladungen in bestimmten Jagdrevieren angewiesen.

Jagd heute ist der „gebändigte" Urtrieb des Menschen. Wenn der Jäger hinausgeht zur Jagd in Wald und Flur, entflieht er auch dem Streß des Alltags mit seinen Zivilisationserscheinungen. Er findet Ruhe, Frieden und Entspannung in der Natur. Er beobachtet äsende Rehe, hört raschelnde Mäuse, das Singen der Vögel, wartet auf das Brechen der Wildschweine und auf jagdbares Wild, das er aufgrund eines Abschußplanes erlegen muß. Hierzu ist sehr viel Zeit, Geduld und Passion nötig.

Die Jagdgesetzgebung hat sich bewährt. Ohne sie und ohne verantwortungsvolle Jäger gäbe es heute den artenreichen Wildbestand, den wir bei uns kennen, mit Sicherheit nicht mehr.

Diese Einsicht sollte uns dazu bewegen, die Weichen so zu stellen, daß unsere Kinder und Kindeskinder auch in Zukunft weiter durch grünende Felder und rauschende Wälder, in denen es „kreucht und fleucht“ wandern und jagen können.

Fachbegriffe des Jägers

(– wie sie im Buche vorkommen, jedoch nicht vollständig!)

abbaumen	von einem Hochsitz, der oftmals an einem Baum anlehnt, heruntersteigen.
abschwarten	von Schwarte = dickes Haar bzw. Borstenkleid der Wildschweine, demnach Schwarte vom Wildkörper lösen.
abspringen	weglaufen, flüchten.
Andacht	einige stille Minuten am erlegtem Wild.
angebleit	angeschossen.
anleinen	einen Jagdhund an die Leine anbinden.
Anschuß	Schußzeichen an der Stelle, wo das Stück stand und wo es beschossen wurde.
Anstreichen	Zielhilfe durch anlegen, z. B. an einen Baum.
apportieren	Jagdhund bringt Wild.
aufbrechen	aufschneiden der Bauchdecke und das Herausnehmen der Eingeweide, damit das erlegte Stück Wild auskühlen und ausbluten (= ausschweißen) kann.
aufpilzen	eine Büchsenpatrone verformt sich pilzförmig, wenn sie auf den Wildkörper auftrifft, sie tötet dadurch schneller.
Augensprosse	Gehörnspitze, die vom Hauptgehörn kommt und nach vorne – in Augenrichtung – steht.
Besatz	die Anzahl einer Wildart in einem Revier.
bestätigen	ein einmal gesehenes Stück Wild wieder sehen.
Blatt	Herz bzw. Brustraum beim Wild.
Blattzeit	Paarungszeit des Rehwildes.
Bockbüchsflinte	Gewehr mit zwei Läufen, einem Kugel- und einem Schrotlauf, die übereinander angeordnet sind.
Böcke treiben	Tätigkeit der Rehböcke in der Paarungszeit. Sie treiben die Geißen.
Brake	Jagdhundrasse.
brauchgerecht	sich verhalten, wie es von den Vorfahren überliefert ist.
brechen	wühlen der Wildschweine im Boden (auf der Suche nach Fraß).
Brennecke	Firmenname für einen Schrotlauf zu passender Bleikugel.

Bruch	von brechen, gleich abbrechen. Verwendet man als Hinweis für andere Jäger, z. B. Anschußbruch, Warnbruch, Wartebruch, Schützenbruch.
Büchsenlicht	die notwendige Helligkeit zum sicheren Schuß, in der Frühe oder gegen Abend.
den Schuß zerreißen	ruckartiges Lösen eines Schusses mit der Folge eines ungenauen Treffers.
Drückjagd	Jagdart mit wenigen Schützen und Treibern.
einstechen	der Stecher ist der Feinabzug an einer Waffe. Ihn betätigen ist einstechen.
einwechseln	Wild ist in ein Waldstück, z. B. hineingelaufen.
Fangschuß	letzter tödlicher Schuß bei angeschossenem Wild.
Federn	besonders starke Borsten auf dem Rücken der Wildschweine.
Gamskrucke	Gehörn der Gemsen.
gewölft	Geburtsakt bei Hunden.
Hammer	Füße der Wildschweine.
Hasenspur	Spur eines Hasen.
Hensold	bekannte Fernglasfirma.
Hornet	Schonzeitwaffe mit kleinem Kaliber.
Hornrammler	Fabelwesen (Rammler ist ein männlicher Hase, Hase tragen aber kein Gehörn).
Keiler	erwachsene männliche Wildsau.
Keilerwaffen	die vier Eckzähne der Wildschweine, die im Oberkiefer nennt man Haderer, die im Unterkiefer Hauer. Angreifende Keiler sind sehr gefährlich.
Kitz	einjähriges Reh.
Kornwurm	landläufiger Ausdruck in Rheinh. für Hamster.
kreisen	umgehen, umkreisen eines Waldstückes bei Schnee, um festzustellen, welche Wildart den eigenen Weg überquert hat.
Losung	Exkremente von Wild, an dem der Jäger die Wildart erkennt.
Mitbeständer	Beständer ist gleich Revierinhaber. Mitbeständer nennt man die Jäger, die mit beteiligt sind.
pürschen, pirschen	vorsichtiges gehen und spähen nach Wild.
Ricke oder Geiß	weibliches Rehwild ab drei Jahren.
rollieren	getroffenes Wild, das in vollem Lauf über Kopf geht.
Rosen	Gehörnverdickung am unteren Beginn des Gehörns.
Rückwechsel	wenn Wild auf demselben Weg, in dem es in ein Waldstück hineingelaufen ist, wieder herausgeht.

Sauen fest	die Feststellung, daß Wildschweine in einem Waldstück sind.
Sau packen	wenn Hunde das Wildschwein festhalten.
schlegeln	zu Tode getroffenes Wild bewegt noch etwas die Füße (= Schlegel oder Läufe).
Schmalreh	zweijähriges weibliches Reh.
schnallen	einen Jagdhund von der Leine losbinden.
Schweiß	Blut von Wild.
Spießer	junges männliches Schalenwild mit Kopfschmuck in Spießform.
spurlaut	Bellen des Hundes, wenn er auf eine frische Wildspur kommt.
Stalker	englischer Name für Jagdführer.
streckelegen	das Aufreihen von erlegtem Wild nach der Jagd.
Teller	die Ohren der Wildschweine.
Totenwache	gleich Andacht, siehe da.
tottrinken	etwas trinken zu Ehren des erlegten Stückes.
Tot verbellen	Hund steht am erlegten Wild und bellt, d. h. er meldet dem Hundeführer, wo er sich befindet und daß seine Suche erfolgreich war.
Überläufer	2-jähriges Wildschwein.
verblasen	verständlich machen durch Jagdhornsignale.
verhoffen, sichern	wenn Wild auf Geräusche, Gefahren, Störungen reagiert, den Kopf hebt, um zu hören.
versorgen	gleich aufbrechen – Eingeweide aus dem Stück entnehmen.
vorstehen	suchende Hunde sollen, sobald sie an Wild kommen, stehen bleiben, dadurch anzeigen, daß sie vor Wild stehen, und dieses nicht verscheuchen.
Wachtelrüde	Wachtel = Jagdhunderasse. Rüde = männlicher Hund.
Waidwundschuß	nicht sofort tötender Schuß.
Weidmannsheil oder auch Waidmannsheil	Jägergruß, gleichzeitig auch Wunsch auf erfolgreiche Jagd.
Welpe	Junghund.
2b	eine Rehwildklassifizierung bei einem jungen abschußnotwendigen Tier.
Zielstachel	Zielhilfe in den Zielfernrohren.

Weitere Hinweise auf Jagdliches Brauchtum, Jägersprache, Jagdsignale, findet man in Veröffentlichungen der Jagdverlage Paul Parey, BLV, Landbuchverlag, Neumann-Neudamm.

Dieter Hoffmann
„... wir sind doch Deutsche“ · Zu Geschichte und Schicksal der Landjuden in Rheinhessen

Klaus Dietrich Hoffmann
Die Geschichte der Provinz und des Regierungsbezirks Rheinhessen

Wilhelm J. Grau
Wie Bad Griesbach im Rottal entstanden ist

Else Kaiser
So lebten wir · Meine Familiengeschichte

Wolfgang Lipp
Gedanken des Kalendermanns

Hans Pfeiffer
Aus Schule und Alltag in Rheinhessen (1915–1932)

Reinhard Siegert
„Der Pflüger hat den Dichterspleen ...“ · Gedichte des rheinhessischen Bauern Isaak Maus

Joachim Maria Huber
Hunde · Augenblicke

Franz Dumont
Die Mainzer Republik 1792–93

Bücher im Verlag der Rheinhessischen Druckwerkstätte Alzey

Hans-Jörg Koch

Rheinhessische Impressionen · Bilder und Texte einer Landschaft

Unbekanntes Rheinhessen · Eine Fotoauslese

Gelacht, gebabbelt un gestrunzt · Fröhliche Mundart zwischen Rhein und Donnersberg

Wenn Schambes schennt · Ein rheinhessisch-mainzer Schimpf-Lexikon

Blarrer Zappe Leddeköbb · Ortsneckereien aus Rheinhessen

Einkehr beim Rheinhessenwein · Ein weingastronomischer Führer

Heinrich Bechtolsheimer

Das Hungerjahr

Weizenähre, Rebenblatt und Tannenzapfen

Zwischen Rhein und Donnersberg

Franz Böhres

Bäume in Rheinhessen

Harald Braun

Geschichte des Turnens in Rheinhessen · Band 1—3

Dieter Curschmann

Undenheim · Geschichte eines rheinhessischen Dorfes

Karl-Theo Göhring

Rheinhessisches Schmunzelbuch Band 1 und Band 3